女性生活时尚阅读品牌

□ 宁静 □ 丰富 □ 独立 □ 光彩照人 □ 慢养育

阅美
文化

悦 读 阅 美 · 生 活 更 美

女人40⁺

珍藏版

40⁺女人的心灵能量

金韵蓉 著

漓江出版社

如果生命是一条流动的漫漫长河

那么，40岁就像是这条漫漫长河的中游

回首上游

它一路走来奔腾湍急

遥望下游

它水面宁静、平缓无波

只有偶有颠踬、错落有致的中游

才是长河中行船人最精彩绝伦的状态

而我的这本《女人40^{+}》

就是为这错落有致、精彩绝伦的长河中游

而发出的礼赞！

再版序

可以灿烂，也可以安静

12年前，即将迈入我的50岁之际，我写了第一本和女人有关的书，当时，我想用文字表达的心情是，女人可以勇敢，也可以温柔。今天，我在已然迈入人生第6个10年之际，我想用文字表达的心情则是：女人可以灿烂，也可以安静。是的，今天的我们，已无须向世界证明什么，我们必须关心的是："我愿意成为什么样的女人？！"

近几年，人们在各种网络平台上购买视频音频课程已蔚然成风。前阵子，我和好几位经营网络平台课程的朋友们茶叙，席间大家都同意"女性"——尤其是从30岁到60岁之间的女性，是各种网络课程的主力受众。她们勤于学习，努力让自己跟得上时代的潮流；她们关注成长，对任何能帮助自己成为好妻子、好母亲、优秀职场人士的教育培训，都投注了可观的时间和精力。

一次接受媒体采访时，编辑问我是否能用一个形容词来描绘现代女性，我说：进步，但是焦虑。

是的，这是我对现代女性的观察，当然也包含了对我自己的观察在内。我们拥有三头六臂，是女儿，是妻子，是母亲，是闺密，是职场精英。好强的我们希望面面俱到，把每一个身份都扮演好。我们都想拥有朋友圈里让人羡慕的"别人的生活"，想成为各式专家口中那个"幸福的人"。所以，没有人在后面追赶我们；追赶我们的，其实是想象中那个几乎不可能存在的完美的自己。

这种心情在我35岁之后达到高峰。我的想象中有儿子应该进入的完美学校；有我们一家三口应该幸福居停的完美住房，有我个人应该拥有的受人尊敬的完美职场角色……这些完美的白日梦想象，不瞒您说，现在依然会在我的脑子里出现，虽然时空场景已与时俱进，但仍然扮演着把我努力向前推进的重要动力。

但奇妙的是，35岁时的我，和如今已迈入60而耳顺的我，白日梦的内容却有了质的变化。我开始想象一些越来越具有可实现性的场景，也开始想象一些因妥协于现实情况而修正为不尽完美的场景。近30年的生命岁月，让我变得不再那么逼迫自己，因为我逐渐明白，即使努力逼迫了也没有用的生命道理。这个道理，老祖宗在几千几百年前就告诉过我们，“顺势而为”。

也许年轻女孩从顺势而为中读到了束手就擒的意思，但我理解的顺势而为，却是一种远比放弃更积极的处世智慧，它是在审时度势之后的豁达，是知道穷寇莫追的运筹帷幄。于我，这个处世智慧让我能歇歇脚，悦纳并享受自己已经取得的生命成果，并且因为豁达的心胸，让我不再纠结于命运的不公平。（我曾经是个多么自负，多么心高气傲，多么怨叹壮志未酬的人啊！）

因此，当出版社编辑好友通知我《女人30⁺》和《女人40⁺》准备再版出书，让我写一篇新版作者序时，我不想再絮絮叨叨地说些什么，跳入我脑子里的就只有简单的一句话：女人可以灿烂，也可以安静。

已经向世界、向自己证明了可以如此灿烂绽放的我们，是时候学会在喧闹的生活之中，放慢心跳和呼吸的速率，安静下来，体会生命，品味生活，感受爱，成为不尽完美但真心快乐的自己。

前 言（代 序）

有部好莱坞大片 *The Women*（《女人们》），我看了几遍，剧情并不复杂，谈不上有多么深刻的艺术成就，内容铺陈得甚至还有些童话故事般的俗套。但我还是看了几遍。原因是除了它看来轻松有趣，还有个欢乐圆满的结局之外，全剧中不见一个男性演员，只以 4 个年龄都在 40 岁上下、情同姐妹的好朋友所各自遇到的人生困境为故事的主轴，而这些人生故事，确实也是现今 40 岁女性所面临的问题。

一号女主角，结婚 14 年，有个 12 岁的漂亮女儿。她自小家境富裕，父亲是知名服饰品牌的创始人，先生是照片常出现在财经杂志封面的成功人士。她常在自家的美丽庭院里举办名媛慈善派对，家里有两个爱她如自己亲人一样的常住管家。她没有太大的工作压力，只是在父亲的公司里打工。可是，就在姐妹们都认为她此生已了无遗憾的时候，却发现她那位成功优秀又英俊多金的先生，和百货公司香水柜台出手狠准、身材火辣的性感销售小姐，有了婚外情。

最后，这位40岁之前一直生活在无忧无虑的优渥环境里的中年女人，在经历了她此生最艰难的困境后，意外地发现了自己的才华。她在同样也遇到丈夫外遇，可却选择视而不见，宁愿留在安全的舒适圈里的母亲的资金资助下，成功地创立了自己的服饰品牌，并重新赢得了出轨的先生的再次追求。

二号女主角，时尚杂志的女魔头。身材纤细窈窕，每天拎着名牌皮包、足蹬名牌皮鞋、开着名贵房车，衣着光鲜地出席各种时尚派对。年过40的她，至今仍然单身，曾有过一段刻骨铭心的恋爱，但曾经沧海难为水，现在已不再相信爱情。可是，外表华丽、精明强悍的她，却遇到了外人眼中如日中天般的事业的瓶颈——她所坚持的媒体品质，已挡不住年轻世代既自我又肤浅的潮水，一个刚大学毕业的年轻女孩大胆，但冲撞传统价值观的创意，竟取代了她多年的选题主导地位。

最后，在不做更多妥协，不为杂志销售数字而折腰的坚持下，她勇敢地选择了离开。在沉潜了一段时间之后，她重新站了起来，除了创建了符合自己理想的高端女性杂志之外，还试着打开心扉，投入一段曾经被她质疑和拒绝的感情之中。

三号女主角，和姐妹们走着完全不同的人生道路。她另辟职业生涯的蹊径，选择将自己投资在家庭中，做一个全职妻子和母亲。年仅40的她，已经有了3个可爱的女儿，可是她再接再厉，打算直到生个男孩才圆满罢休。在过去的10年之间，她一直在怀孕、哺乳、奶瓶、尿布中打转，她的身材走形，头发蓬乱，衣着随意，身上永远有孩子吐奶的气味，家里每天都充斥着孩子的嬉闹喊叫声。可她那从事艺术创作，需要清静思考空间的先生，却“自私地”选择独自搬到楼上去住，留下她一人面对一屋子的混乱。

可是，就在这部电影的最后几分钟里，这位快乐并无怨无悔地成为“职业妈咪”的三号女主角，在三个闺密的环绕陪伴下，生下了期待已久的儿子。当粉嫩柔软的男婴被抱到她的怀中时，她确信，她所拥有的幸福，是拿什么也不能交换的！

四号女主角，一个很有个性和崇尚自由思想的女作家。行事和思维都特立独行的她，不相信婚姻，不认同母性。她有个出名的超模女友伴侣，而这位超模女友因为总是饿肚子，所以敏感易怒、脾气暴烈，需要固定去上愤怒管理课程（Anger Management Course）。她曾经出版过一本极为畅销的书，但过了四年，虽然屡屡被出版社催着交稿，却迟迟不见第二本问世。原因很简单，只因为没有自信、没有安全感的她，害怕再也无法超越自己曾经创下的辉煌纪录。

终于，在看见并经历了闺密们身上所发生的困顿之后，她理解了生命的诡谲之处——就在你认为一切都风平浪静的时候，乌云可能正躲在远方伺机而动；而就在你认为前路已绝，再也找不到可以活下去的理由时，美好的阳光却又从漫天的乌云中夺目而出。因此，为想象中的恐惧和自己创造出来的对手而裹足不前，不仅太傻，而且无用。还不如勇敢地行动起来，生命也许就在行进间用另一种丰美的果实来回应我们。于是，一年后，她的第二本书问世了！

这 4 个女人，因为 4 个不一样的选择，而在年过 40 时，有着 4 种不一样的人生境遇。身为看电影的旁观者，我们在随着剧中人物的际遇而情绪起伏，或体会到深切的感同身受之余，既没法为哪一种境遇做出高低优劣的评价，也没法告诉她们哪一种选择才是正确的。因为生命本身的变数太多，牵涉到的人也太广，不是我一个人说了就算，所以即便年轻时信誓旦旦地做了规划，但日子过着过着也就渐渐地变了味道。而这种有些无奈的况味，也只有稍稍有些生命阅历的人，才能因有了切肤的经验而懂得！

那么，怎么办呢？女人们，尤其是“貌似”竞争力已不复往日雄厚的 40^+ 女人，总该有些“自救之道”吧？

呵呵，是的，“以不变应万变”就是我亲身试过比较有效的方法之一。“不变”的是我对自己是否幸福的主权掌控，是持续寻找喜爱自己的理由，是让自己变得更美好、更可亲，是建构可以随身携带的舒适圈，是坚信自己有权利享受生活，是积累足以养活自己的技能和财富。然后，当生命中果然扑面而来的变数出现时，我们就能因已做好了充足的准备，而好整以暇地用兵于谈笑之间了！

曾经，40岁的妇女被喻为“三明治世代”，意思是指她们是最苦命的一群——上有老父老母要奉养，下有青春期子女相对抗，中间又有个婚姻需要修修补补。最要命的是，在这个关卡上，她们的种种生理状况又开始屋漏偏逢连夜雨似的狂拉警报。不过，现在，如果你再请教说这些话的人，他们会修正说：现今的40岁女人，顶多只能说是处在“后青春期”，和“老”一点也扯不上关系！

因此，如果生命是一条流动的漫漫长河，那么，40岁就像是这条漫漫长河的中游。回首上游，它一路走来奔腾湍急；遥望下游，它水面宁静、平缓无波。只有偶有颠踬、错落有致的中游，才是长河中行船人最精彩绝伦的状态。

而我的这本《女人40+》，就是为这错落有致、精彩绝伦的长河中游，而发出的礼赞！

目录 CONTENTS

第一章

身，能不老就尽量不老；
心，是一定要年轻的！

在开始阅读这本书各个章节的内容之前，我想先说一个故事给你听。这个故事里的主人公确有其人，所发生的，也确有其事。

她是一个看起来比实际年龄要年轻了许多的女人，从外表上看去，完全不像是一个已经 40 好几，还有个正在外地念大学三年级的 20 岁儿子的人。我第一次看见她的那天，实际上是在一个节目的舞台上。在那档制作水平和工作严谨度都让我尊敬的节目里，我是以所谓的专家身份，和另外两位嘉宾一起，替前来为亲子间僵局寻求解决办法的朋友出谋划策。

当主持人以 VCR 短片大概介绍了该集主人公所面临的亲子关系僵局之后，带着女孩儿般腼腆笑容的 40 多岁的她和 70 多岁的母亲一起从台下走上了舞台。她，披着一头乌黑的、直直的、柔顺的及腰长发；穿着一件合身的、领口略低的黑色无袖连衣裙，裙子的长度只将将遮掩着臀部；她的胸部坚挺而丰满，实际上不太高的个子，在迷你裙和细高跟鞋的拉抬下，小腿显得纤细而修长。

在还没有见到她之前，经由 VCR 短片的介绍，我们已大致了解了她的状况：她是一个在母亲眼中、口中“愚蠢天真得不像是个已经 40 多岁的人”的女子，整天都傻乎乎地活在自己所营造出来的美好幻想里。她很努力地工作，也颇能挣钱，但问题是，这个在事业上表现得很精明干练的女人，对先生、对钱财，却傻得像个还没进入社会历练过的青春少女。她百分之百地信任自己的先生，也从不过问家里的财务状况，对她来说，只要夫妻两人相爱，日子过得宽松舒心，其他的琐事就没有什么值得或需要去担忧的。

可是这种不知道为自己打算，在母亲眼中一天到晚傻里傻气、糊里糊涂过日子的生活状态，却被在 2011 年颁布的一项婚姻法司法解释打破了它的宁静，也让原本就为女儿担心不已而与之屡有争执的母亲更加紧张。

这项司法解释和夫妻离婚后财产的分割有关，而根据社会上众多为女性发声的团体的解读，从男女双方在婚姻中所担负的责任关系的传统角度来看，这项婚姻法司法解释对女性是不太有利的。因此，年迈的母亲在看了这样那样的报道之后，开始寝食难安，因为虽然女儿已经结婚了 18 年，但她的名字居然不在那属于夫妻共同拥有的房子的房产证上。而更让她气结的是，不管她怎么分析解释、好言规劝，甚至生气责骂，女儿就是不肯开口让丈夫把自己的名字给补填在房产证上。

由于我们衔命为这对基本上是“鸡同鸭讲”的母女解决分歧，因此需要听听双方各自为自己坚守的立场所持的理由。当然，老母亲的陈述，是博得大家一致的同情和认可的。她列举了婚姻关系在当今社会中的种种不稳定和不堪一击的因素，她语重心长地表述了金钱和爱情之间的不对等性和危险性。最后，她更几近声泪俱下地使出了博取选票的撒手锏，也就是她口中所谓的“铁的事实”：一个 40 多岁的女人如果离了婚，已年老色衰的她，有可能是如何、如何的艰难；而一个 40 多岁的男人如果离了婚，正值风度翩翩的壮年的他，又会是如何、如何的海阔天空。

当我们几位“法官”都被这一番慷慨陈词而弄得情绪愤慨低落时，轮到这位“愚蠢天真”的女儿说话了！

这位已年过40，眼尾已约略有些细纹，但肤色却依然红润的女人，闪动着她天真的大眼睛，用还带着些稚嫩的声音说：“为什么要多此一举把我的名字写上去？我相信他，我们绝对不会离婚，他绝对不会变心，他那么爱我，那么宠我，我为什么要害怕？你们知道我们之间的感情有多深吗？你们知道他有多在乎我吗？……”就在她说这些话的当儿，站在她身边的老母亲却听得眉头紧锁，一面摇头，一面叹息；而坐在她对面的我们几人，也听得一声惊似一声！

于是，我们这些所谓深谙世事，自认为比寻常人更有生命智慧的专家们，开始对她轮番地质问：“你真的敢为将来打包票吗？”“你真的敢确定自己的婚姻永远不会出问题吗？”“你真的完全不担心吗？万一他变心了、你离婚了……”对于我们这些咄咄逼人的质问，她只是更努力地摇头，用一声比一声更坚定的语气回答：“是的，是的；不会的，不会有万一的……”

就在我们都气馁地觉得此姝真是个无可救药的天真愚时，我突然有了种新奇的感悟，仿佛老天爷在我头上浇了盆凉水，我似乎醍醐灌顶般地清醒了过来：是啊！是啊！也许人家真的是恩爱如斯，也许人家真的是彼此信任，也许人家真的是相信未来，我们这些人是在做什么呀？难道我们一定要假设人家的先生将来会是个狼心狗肺的浑蛋？一定要预测人家的婚姻绝对会以离婚收场？一定要准备做好最坏的打算？难道，难道我们就不能抛弃预设的立场，没有成见地听听人家内心里真实的感受，并以一颗纯净的心，去聆听那幸福快乐的告白？

我的这番顿悟似乎也传染了另一位女性嘉宾，就在我看着她，准备说出自己的新奇感受的当下，她突然也用恍然大悟的表情看着我，并对我接下来的发言，频频用力地点头表示认可和支持。接着，这位我向来喜欢并欣赏的女性嘉宾勇敢而坦率地说："我是个失婚的女人，但我想，我的婚姻不成功，并不能表示别人的婚姻也一定会不成功。我们为什么只愿意相信那些不圆满的结局，却不愿、也不敢相信那些也一样为数众多地存在着的圆满结局呢？"

那天的节目录完之后，我非常轻松快乐，感觉体内有一股丰沛正向的能量正汩汩地涌出。我不再纠结于那位用世故的眼光来看似乎有些过于天真的女子，将来是不是会遇到困难；我也无从判断眼下在房产证上留个名字，是不是确属当务之急。我快乐的原因，是因为找到了那个可以释放恐惧、释放焦虑、释放压力、释放不确定情绪的活塞，而那个拥有魔术般神奇力量的活塞，其实就是一种名字叫作"从容"的力量，而最棒的是，这个名字叫作"从容"的力量，还曾经属于过我们。

你不相信？

如果你不相信，那就找个不太忙的假日，回老家看看你的老奶奶、太姥姥，或任何一位比我们活得更长、更久的长者。你问问她，更年期的时候有过哪些症状？问问她，丈夫面临中年危机的时候，她的日子是怎么熬过来的？问问她，发现乳房下垂的时候，她的心情怎么样？问问她，孩子在青春叛逆期时，她是怎么处理亲子关系的？

我保证，你的老奶奶或太姥姥的回答一定会是："啊？！我不知道呀！我没注意！"而且，我保证，她老人家的无法回答，并不是因为她年纪大了而完全忘记了，而是因为她当年真的是完全没留意这些事儿！

我知道，我当然知道，你现在一定正翻着白眼驳斥我说：哎呀！你怎么能拿现在和当年比呀！那个年代的女人又不需要外出工作，社会的竞争压力也没有现在这么激烈；再说，除了没有空气污染和食品安全的问题需要担心之外，当年的社会风气也比现在要淳朴得多，哪有这些二奶、小三在一旁虎视眈眈、横行霸道的问题呀？！

是的，我知道这些变化都是事实，也是现代女人不得不面对的挑战。但我想说的重点是，在这些已然发生的变化里，其中有没有被我们“夸大”或“渲染”的成分？有没有我们“听说”但并不是亲身感受的情绪？有没有因为自己的焦虑，而强行“对号入座”的事实？

在等待你思考并回答这个问题之前，我想再说一个我自己的故事。

年前，我和先生一起去了趟藏族聚居区旅行。出发前，有位刚从藏族聚居区回来的朋友，好心地“警告”我们要当心高原反应，还巨细靡遗地描绘了他经历的种种高原反应症状。接下来，我们的飞机才刚抵达机场，来接我们的友人就又出于关心和好意不断地提醒我们：这里是高原，一定要注意保暖，千万不能感冒；第一天晚上会有高原反应，要留意，不要做太多的运动；如果头痛和睡不好觉是正常的，那是因为缺氧，等等。

结果，我们在民族情调浓郁的藏式牧舍居住的第一个晚上，完全没有走到门外阳台，坐在舒适的摇椅上，在干净清新的空气中仰望星空，欣赏高原仿若伸手可及、晶莹闪烁的满天繁星的心思。我们只是安静地在屋里游移，小心翼翼地感受着自己身体的变化，只要稍微察觉有些异样的感受，我们就彼此提醒说，嗯，这是高原反应；或时刻留意对方的脸部表情，关心地探问：你有高原反应吗？

我事后仔细地问过自己，我们曾经有过高原反应的不适吗？其实我并不真切地知道。我只知道，我们貌似有过一些些的头疼，好像有点睡不安枕，爬山时好像有点上气不接下气，但真的有高原反应吗？我不知道！我转头问先生，这些“高原反应症状”会不会是我们自己想象出来的？我先生说：“我也不知道耶！”嘿嘿！这就是我说的“坐以待毙”的心理作用！

是的。高原反应绝对确有其事，氧气稀薄也确实会对某些人造成身体的不适，这当然不是杜撰出来的自然生理现象。但，关键的问题是，每个人因体质的不同，故而对高原的特殊气候也会有不同程度的生理反应，我并不是说高原的稀薄空气不会对人体造成影响，而是说，并不是每个人都会对高原的稀薄空气有着相同程度的身体反应。

我们对社会现象的反应也是一样！

我们每个人都摇着头、叹着气嚷嚷着说：“唉！世风日下，人心不古啊！”“唉！现在的婚姻关系基础太脆弱啦！”“唉！现代的年轻人只注重钱、不注重品德啦！”但如果我们真的去相关机构调查一下，或随便到哪个居民小区实地走访一下，我们就会发现，没错，离婚的人确实是比以往多了一些，犯罪率也确实比以往高了一些，年轻人也确实比从前现实了一些。但，居住在小区里的小老百姓们，大多数可都还是平平淡淡、安安分分地守着自己的家，过着自己的小日子，那些在媒体里被说得恐怖兮兮的事情，好像和寻常百姓们并没有传说中那么大的相关！

这就是我那天的领悟：生活在资讯过度爆炸泛滥、获取资讯的渠道也过度爆炸泛滥的现代社会里的聪明的我们，听说了太多，也读到了太多，所以把我们原本安静从容的心，给搅得六神无主，只好成天小心谨慎、恓恓惶惶地等待着即将要发生的一些坏事的到来。（我曾经参加过一场在伦敦举行的监督新闻媒体报道角度的讨论会，与会人士都很感慨地认为，现代的媒体太嗜血了，他们不仅仅喜欢报道消极负面的新闻以博取眼球和提高收视、收听、阅读率，还善于小题大做，极尽煽风点火渲染之能事，所以受众们只能生活在由媒体所主导营造出来的悲惨世界里，不快乐，也不敢信任自己的幸福。）

所以，现在就让我们冷静地来检视一下常见的几个传说和事实之间的差距，并试着找到还可以快乐“活下去”的勇气。

40 岁之后，有没有发生前更年期或更年期症状的潜在危机？

有的。不过，根据各国的医学机构和政府卫生部门的统计，女性在 45 岁之后，身体产生诸多更年期症状，如热潮红、燥热、头疼、失眠、脾气变坏等问题的比例，只有不到百分之五十的可能性，而许多国家的统计数字，例如日本、澳大利亚等国家妇女更年期的症状产生率，甚至还低于百分之二十五。也就是说：并不是每个女人在经过更年期的年岁中，都必定会有更年期种种不适的生理和情绪症状产生。

那更年期的种种症状，有没有可以改善或预防的可能呢？当然有的。随着医学的发达，尤其是自然疗法的进步开发，女性只要“做对了事情、吃对了食物”，是可以很有效地预防并避免更年期症状的发生的。

女人一过 40 岁，真皮胶原便会减少 40%，而且受到雌激素分泌水平下降的影响，皮肤的水分分泌也会减少，所以皮肤会变得松弛下垂，皱纹也容易产生。此外，40^{+} 的女人，由于雌激素的影响，每 10 年，体重就会增加 5 公斤，而且发胖的部位会集中在腰围和臀部。

没错，这个数据是确实的。但是，所有的皮肤科医师和美容专家在说完上述这些蛮灭人志气的话之后，还会接着鼓励我们：不过没关系，拜先进的医疗美容仪器和护肤产品所赐，这些曾经让先辈们恼人棘手的问题，现在已经不再是无解的难题啦！再说，现代女性都那么懂得美容养生之道，你在大街上随便拦住个号称自己已迈入不惑之年的女人，都会发现她要比实际年龄看起来年轻得多。

所以，即便岁月对我们会产生一定的影响，但缓慢而优雅地老去，绝对是个可以期待的美丽事实。那么，我们还有什么好惊惶的呢？

现在离婚率越来越高，婚姻关系变得很脆弱和充满了不确定性，尤其是进入婚姻的第 2 个 10 年之后，女人一旦青春不再，先生就更容易变心！

是的。但别着急，我先给你看一组数据：2011 年，据权威机构统计，全世界离婚率最高的国家，顺序和数据如下（单位：离婚人数 / 千人）：美国 4.95、波多黎各 4.47、俄罗斯 3.36、英国 3.08、丹麦 2.81、新西兰 2.63、澳大利亚 2.52、加拿大 2.46、芬兰 1.85、巴巴多斯 1.21。也就是说，排名第一的美国，每 1000 人当中，只有 4.95 人离婚。

那么中国的数字呢？已荣升为离婚主力军的 80 后独生子女世代，由于某些孩子任性地闪婚和闪离的缘故，占据了离婚率最高的位置，也带高了总体离婚率，但他们的离婚率是 8% 左右，也并不是像媒体所说的那样，离婚率已飙升到 50% 以上，而且每年还以惊人的几何数字向上攀升。

至于已进入或逼近 40 岁的 70 后世代，离婚率就更是少得多。

所以，不用担心，只要我们愿意稍微用心并学习去经营自己的婚姻，很容易就能跻身在那高于 92% 的人群里，成为一个婚姻成功的幸福女人。

女人一到 40^+，享受床第之欢的能力和兴趣就会减少，加之先生对身材走样的自己失去“性”趣，所以，性生活的失败和匮乏，是避免不了的了！

嗯！针对这一点，我确实听过一些 40^+ 女人对这个问题的担忧和抱怨，但根据我个人在医院里从事婚姻治疗多年的专业经验来看，这个障碍还是和心理因素有比较大的相关。我们再来看一些数据：

由《英国邮报》(*Daily Mail*) 所举办的一项针对全世界 2000 名女性进行的调查指出:“40 来岁的女性，对自己的身体比较不会忸怩害羞，因此在被窝里更有信心！”多达 80% 的受访女性表示，比起二十几岁的阶段，她们如今对伴侣变得更豪放、大胆；60% 的受访者表示，她们会更为积极主动。调查也同时发现，比起 20 来岁或 30 来岁的阶段，中年女性会更少担心工作或孩子，也因此在床第间更放得开。

专家表示，这个年龄阶段的女性，正达到“性信心高峰”——此时的她们，知道自己在床上想要什么，而且不会羞于启齿。多项类似的调查还显示，年龄在 30 岁以下的女性，有 1/5 的人表示她们时常佯装和伴侣做爱时感到满意，但会假装满意的 40 多岁女性仅占 7%。研究人员也发现，有 68% 的 40^+ 女性，完全知道什么样的做爱技巧会让她们得到最大乐趣，并有超过半数的人表示，她们不会不好意思向伴侣提出要求。此外，多达 58% 的人表示，再婚时，她们获得更好的“性”福感，时常是因为她们经验丰富。

所以喽，我们不用被那些子虚乌有的恐惧所影响，相信自己内心的声音，勇敢地正视自己的生理情感渴求，谁说女人40⁺以后，人生就由彩色转变为黑白的啊？！

走笔至此，说句真心话。《女人40⁺》这本书的写作进度和难度，是我已经出版了的十几本书里，最缓慢也最困难的。原因无他，只因为我不断起笔，又不断罢笔，总是来来回回地找不到一个能让自己完全舒服和满意的核心论据。我知道如果我顺着理所应当的思路，说些女人一旦迈入40大关，由于雌激素分泌减少的缘故，一定会造成这些、那些的恐怖结果来吓人的话，这本书并不难写，也容易找到足够的资料来为自己佐证。

但是，我写着写着，心里又总觉得不对。我想，如果40⁺的女人真需要看些自己吓唬自己的书的话，书店里已经密密麻麻地排列了很多，并不需要我再增加这一本来落井下石。而且，以我个人迈入40⁺以后的亲身体验来看，我深刻理解一个年过40的女人需要的，不是另一本吓唬她的书，而是一本既有着像长辈柔软胸膛般的暖暖温度，又有着面对专家般能支好招的书。这本书能轻轻地拍着她的背，和蔼地搂着她的肩，告诉她："事情没有你想象的那么严重，也没有你想象的那样无可挽回，况且，我们还有好办法来对付它呢！"

另外，如果你走在街上，仔细地观察周遭，就一定会和我一样高兴地发现，许多40⁺的女人要比年轻人还风光明媚，还精彩动人，还吸引异性，还自信潇洒，在她们身上上演的，不是40⁺的没落，而是40⁺的辉煌。

所以，这就是最终我为自己的这一本《女人 40⁺》所定下的调子——不吓唬自己，不如临大敌，不对号入座，不坐以待毙。我们在充分了解 40 岁之后可能发生的种种问题，并找到对应它的身心灵方法之后，就从从容容、气定神闲地迎接它、面对它、管理它，以及享受它。享受这段已不再被年幼的孩子绑住，被还没长大成熟的老公劳神劳心的自由好时光！

因此，在我们即将进入实用的面对和管理章节之前，我想用一段一位有生命阅历、深谙人情世故的好绅士所写的既诙谐又诚恳的对 40⁺ 女性的礼赞文字，来开启我们的好时光之旅。

这是一则在网络上流传甚广，由美国家喻户晓、CBS 电视台电视新闻周刊节目 *60 Minutes*（《六十分钟》）的著名主持人 Andy Rooney（安迪·鲁尼）所写的，表达对 40⁺ 女人看法的知名段子：

As I grow in age，I value women over 40 most of all.

Here are just a few reasons why：

A woman over 40 will never wake you in the middle of the night and ask：“What are you thinking？”

She does not care what you think.

If a woman over 40 does not want to watch the game，she does not sit around whining about it. She does something she wants to do，and it’s usually more interesting.

Women over 40 are dignified.

They seldom have a screaming match with you at the opera or in the middle of an expensive restaurant.

Of course,

If you deserve it, they won't hesitate to shoot you if they think they can get away with it.

Older women are generous with praise, often undeserved.

They know what it's like to be unappreciated.

Women get psychic as they age.

You never have to confess your sins to a woman over 40.

Once you get past a wrinkle or two,

A woman over 40 is far sexier than her younger counterpart.

Older women are forthright and honest.

They'll tell you right off if you are a jerk if you are acting like one.

You don't ever have to wonder where you stand with her.

Yes, we praise women over 40 for a multitude of reasons.

Unfortunately, it's not reciprocal.

For every stunning, smart, well-coifed, hot woman over 40, there is a bald, paunchy relic in yellow pants, making a fool of himself with some 20-year old waitress.

Ladies, I apologize. For all those men who say,

"Why buy the cow when you can get the milk for free?"

here's an update for you.

Nowadays 80% of women are against marriage.

Why？

Because women realize it's not worth buying an entire pig

just to get a little sausage！

随着年龄增长，我越来越珍惜 40 岁以上的女人。

以下是几个原因：

40 岁以上的女人不会在半夜把你吵醒，然后问你：

你在想什么？

她才不在乎你在想什么。

40 岁以上的女人如果不想看球赛，

她不会坐在你旁边，抱怨东、抱怨西，她会去做她想做的，而且通常是更有趣的事。

40 岁以上的女人稳重自持。

她不会在歌剧院或高级餐厅里对你大吼大叫。

当然，如果你罪有应得，她们也可能神不知鬼不觉地一枪把你给毙了。

熟女不吝于赞美（不管你值不值得，或是不是实至名归），

因为她们亲身体验过被忽略的滋味。

女人越老越通灵，

所以，你永远不需要向 40 岁以上的女人忏悔。

只要你能够对一两根皱纹视而不见，

40 岁以上的女人远比年轻美眉更性感。

熟女直接又诚实，

如果你是蠢蛋，她们会马上叫你滚蛋，

你完全不需要伤脑筋去揣摩她的心意。

是的，40岁以上的女人有很多优点。

但，40岁以上的男人呢？

相对于每一个光彩照人、聪明优雅、穿着得体、性感迷人的40岁以上的女人，就有一个秃头凸肚、故作年轻状的熟男，像傻子一样厚脸皮地跟小他20岁的美眉调情。

女士们，请容许我在这儿为那些愚蠢的男人道个歉：

那些说，既然有免费的牛奶可喝，干吗还要买头母牛回家的男人，

他们实在是太搞不清楚状况了！

今天有80%的女人宁愿不结婚，

为什么呢？

因为她们终于发现，

不需要为了一根香肠，而买回整只猪！

第二章

爱情，是骄傲地看见自己的长处，
而不是自卑地盯着自己的短处……

40⁺，我想是女人对爱情的态度发生转折的岁月。对于爱情，已经有多年人生阅历的她，也许因了然于胸而看待得更加现实，也许因桎梏于现状而感到无奈，也许被屡屡失望而弄得愤世嫉俗，也许已满足于现状而身心安顿。但毕竟，40⁺ 的女人不像 50⁺ 那样，可以豁达释怀到云淡风轻地坦承欲望；也不像 50⁺ 那样，可以豁达释怀到安静从容地面对转身。

对于 40⁺ 的女人来说，美好的青春记忆还并不遥远。腰围变粗了？只要留意饮食、勤做运动，减肥不算太难。皮肤出现细纹了？只要用功保养、多敷面膜，问题也不算太大，而且拜现代美容保养科技所赐，一个 40⁺ 的女人看起来只有 30⁺，或甚至 25⁺，并不是天方夜谭。因此，保养得当、养尊处优，又早已拥有独立生活能力、心高气傲的现代 40⁺ 女人，从主观的心理上就自认为还有在情海中拼搏的本钱，同时也相信自己还有可以要求浪漫的权利。但是，也许问题就出在这里！

虽然要让生理和心理都还相对年轻的 40⁺ 女人就这么束手就擒，是不可能的事，但她们却也不得不承认，夜深人静揽镜自照时，担心年华老去不再光鲜的恐惧确实要比 30⁺ 时强烈和频繁得多。毕竟岁月的优势不再站在自己这一边，从现实的角度来说，每天被身边青春无敌的年轻女孩所压抑威胁的事实，也让自己很清楚地知道可以选择的选项正在逐渐地减少。所以这种心气仍高不愿意放弃，但内心深处却又不无担忧的忐忑矛盾，让好像站在湖水当中，左右两岸都看似不太近，但却又都不太远的 40+ 女人，产生了下列种种的可能性。

40⁺ 的单身女子

我必须很冒昧但坦率地说，由于社会舆论粗暴地将“剩女”的年龄线毫无合理性地降到了 28 岁之后（甚至还有女孩 25 岁即跻身某某剩女的荒唐说法），因此，不管因为什么原因而令当下不在婚姻之中的 40^+ 单身女子，势必在人前人后都承受了巨大的社会和心理压力。而这些压力也很有可能会引致以下的问题产生：

变得心虚而降低标准

这是所谓的“大龄适婚女青年”最痛恨承认，但又不得不暗自担忧的心理状态。由于进入 40^+ 之后，一旁多事的围观群众的关心会突然产生质变——原来只是单纯地劝勉你眼界不能太高，可现在却在谆谆告知你眼界不能太高之余，话里话外还夹杂着浓浓的“你得先称称自己还有几斤几两，你得识时务啊”的贬抑情绪，仿佛保鲜期已过，早已被自动降格打入被动选择族群中的我们，还不知死活地在那里自我感觉良好地臭美着。

而这种不无弦外之音的劝告，原本听者既无意也无心，可是当一遍、两遍、三遍听多了之后，再不敏感的人，也会变得敏感了起来。尤其是当劝告者又使出撒手锏，搬出一副“唉！现在生孩子的黄金时期已经过了！你要是不赶快再找个男人结婚，将来真的就只能孤独以终了！”的悲天悯人姿态时，任何一个心智坚强的人，都不免会控制不住地生出焦躁、慌乱，甚至忧伤的心绪。而且这种担忧的情绪会在闺密好友都结婚了以后，或被邀请参加比自己年轻许多的人的婚礼时，更被强化，并且将这个时不我与的现实，扩大为足以灭顶的危机。

于是，有的女人，选择在这个危机的冲击下，弃守城池；有的女人，选择逆转，将它变为让自己更强大的武器；有的女人，选择被这消极的情绪绑架，困步于自己构建出的囹圄之中。

我就认识一位身陷于这种情况的女孩。生长在江南水乡的她，容貌秀丽，皮肤白皙，身材纤细娇小，圆兜兜的脸庞，任谁见到都以为已经38岁的她才刚大学毕业没几年。从上大学开始，她就一直不乏追求者，十多年来也一直都在恋爱中，但可惜的是，几段刻骨铭心的恋爱却都无疾而终。起先，在三十五六岁之前她并不以为意，仗着自己显小的外貌和自身优秀的条件，她相信最终一定能遇到合适的男人。可是让她开始感到事情不对劲的是，曾经热络的追求者，渐渐地各自都安定了下来，有的有了结婚的对象，有的甚至组建了家庭、有了孩子。

而压垮她自信心的最后一根稻草，是2008年公司的盛大年会。以往，自小学习芭蕾舞和有表演天分的她，一直都是年会中“想当然”的主持人，可是2008年的年会，工会却打算让一个才进入公司不到4年的年轻女孩来担任主持人。虽然，她在被征询对这个改变的意见时，诚恳地笑着说：“哇！太好了，我终于可以交棒，可以像你们一样在台下轻松地享受美食了！”可是，那天晚上回到家之后，她心上却像压着一块推不开的石头一样，闷得喘不过气来。就在那一天晚上，她第一次深刻地感受到岁月的现实和无情。

时隔两年多之后，她告诉我，她对自己的信任和价值认知，也是在那一天开始崩解的！

是的，我认识她时，她已经快 37 岁了。那时只见她神采飞扬地满场开心飞舞，完全像个天真可爱的大学生。可是就在我们疏于见面的一年多之后，有一次我们又在某个聚会中碰面，我还记得当时她穿过人群向我走来时，我几乎认不出她来，因为曾经那个额头覆着齐眉刘海，还扎着马尾的青春女孩不见了，向我走来的，是一位相貌和衣着打扮还很年轻，可神情却已憔悴的中年女子。

我们热烈地寒暄之后，我问她最近怎么样啊？她耸耸肩，语带调侃地说：正在努力地找个男人把自己给嫁掉！我旁边有人凑热闹打趣地问：有什么条件吗？她带着微笑，再耸耸肩，试着轻松地回答说：咳！到了我这个年纪，还能要求什么条件，只要是个用两条腿走路、身心健康的男性就行！

当在场的人都被这句话给逗乐了大笑时（或装作大笑时），我却觉察了她的落寞和丝丝的忧伤，她自己或许也觉察到了气氛的尴尬，于是找个托词就走开了。那天之后，我们就没再见过面，我也辗转得知她仍待字闺中。不过，让我高兴的是，几个月前她主动约我见面吃饭，她告诉我已向公司请了 6 个月的无薪长假，打算趁着欧洲经济萧条，旅游费用比较便宜的好时机，以西班牙为起点，自己一个人疯狂地玩转欧洲一番，另外，也算是送给自己 40 岁的生日礼物。

就在写这本书的当下，她应该已经“流浪”到了奥地利。从她给我微博上写的私信中，我知道她玩得很开心，套句她的话说：也很豪放。我不知道在这段独自旅行的6个月里，她会不会在异乡遇见爱情，我也不知道6个月她玩转欧洲回来之后，择偶的条件会有什么样的起伏变化。不过，我确信知道的是，当一个在爱情追逐的位置中看似已逐渐由主动转为被动的40⁺女子，如果决定从一度的凄惶中反败为胜时，她是绝对有办法可以做得到，并重新夺回主权的！

变得苦涩而具有攻击性

说真心话，这是我最不愿意看见的结果，可遗憾的是，却也是比较常看见的结果。

多年前，我曾经带过一个学习色彩疗法的班级，那个班的人数蛮多的，大约有50多人。由于这个班的学习方式包含了几次课堂面授和课间实习，所以总研习时间将长达3年。因此第一天上课，我照例请同学们对将来必须相处3年的同学做个详细的自我介绍。

当天，坐在前排的同学一一站起转身，并笑容满面地对班上其他同学做完自我介绍后，轮到了坐在第三排最左边的一位35~40岁的同学发言。可让我们大家都很错愕的是，她居然粗声粗气地只用非常简短的三个字说了“我姓 ×”之后，就面无表情地决然坐下了。我还记得当时自己在没有回过神来的情况下，追问了一句：对不起，我没听清楚，您贵姓大名？她只是冷漠地回答：姓 ×。我不死心，再继续追问：芳名呢？结果这位内心充满怒气的同学却头也不抬地说：没必要说，不关你们的事！

可惜我当年年纪还轻，还不太会处理这种场面，所以只是尴尬地笑笑，然后请后面的同学继续接下来的自我介绍。可是，她的这一招公然讨人嫌的举措，已经得罪了所有同学，大家不仅不愿意和她分配在同一个组里讨论，中午下课时，也总见她一个人形单影只，没人招呼她一起吃饭。

后来，我和她比较熟悉，她也对我有了更多的信任之后，我才知道她刚刚结束一段把她折磨得遍体鳞伤、非常不堪的婚姻。而开课那天，她那引起众怒的脱序表现，则是因为排在她前面自我介绍的那些同学们，一个个都“假惺惺”地描述自己的婚姻生活是如何如何幸福，所以让她觉得“既恶心又心里很不痛快”。她告诉我，自己现在虽然独身，但比以前要快乐得多，而且她永远也不会再相信爱情和男人，因为他们“都不是东西”。至于那些现在还在婚姻中自以为幸福的女同学们，她带着点冷笑地说：“让她们等着吧！总有一天她们会尝到苦头！”

在学习色彩疗法的这3年时间里，我有时见到她有些开心的笑容，但大部分的时间里，她都是板着脸像刺猬一样，把每一个试图向她表示亲善的人推开。而至今仍让我觉得遗憾的是，我始终没有机会去了解那段婚姻到底发生了什么事能让她受伤如此之深，我也没能利用色彩能量去疗愈她的心灵。我担心的是她仍然独身，而原本并不是世界末日的独身，如果发生在有一个愤怒苦涩的灵魂，再加上身旁没有好友的人身上，那就真的会让她像世界末日般的孤独以终。

不过，我也遇见过同样在婚姻中受过伤害，可是却用积极的态度去面对的女人。

42岁的她，从来不隐瞒自己的年龄。24岁时，当时还在美国留学的她嫁给了同班同学。不过这段婚姻只持续了快乐的头2年，从第3年开始，都在读博士学位的两人觉察了这桩婚姻的错误。他发现自己疯狂地爱上了一个刚从国内出来读大学的小女孩，而她，在维护自己的骄傲自尊和避免再受更进一步伤害的心理情境下，选择潇洒地挥挥衣袖离开。

学业结束回到国内后，她顺利地被网罗进入一家世界500强的外企里工作，已经在职场里工作多年的她，凭着自己出色的学历和能力，如今已升至集团总公司中高管理阶层的位置，并且在近一两年之内，还有继续攀升的极大可能性。

离婚后曾经谈过几段恋爱却都没修成正果的她，一直都很享受这种仍然受到宠爱的单身状态，也一直享受着物质上和精神上高品质的生活方式。每一次在和女伴们的聚会中，她的惬意出现，都会让被家事国事天下事团团围住而忙得焦头烂额的同龄双生涯女性们，羡慕嫉妒恨得不得了。在聚会中，某些嫉妒情绪比较容易占主导位置的女子，虽然总有意无意地试着去捅刺她仍然单身的痛处，但都被她阳光明媚的笑容给四两拨千斤地挡了下来。

我清晰地记得在一次聚会中，在座的除了她之外，其余全都是和她年龄相去不远，但已婚或已有固定男伴关系的女子。那天也许是灰蒙蒙的天空颜色或气压太低的缘故，有位年纪45岁左右的女子，在席间突然变得非常具有攻击性。她先是颂扬自己作为母亲的快乐骄傲，接下来又慨叹女人不管事业有多么成功，最终的幸福还是在于有个爱她、宝贝她、能相依终身的伴侣。她说这些话时，从语气、眼神，到不断表现出不屑的下撇嘴角，都摆明了是对在座唯一的单身女性的她的挑衅。

我们在座的其他人当时都觉得非常紧张尴尬，也都在动脑筋想着如何去转移这个让人不快的话题。可是没想到这个智商情商都超高的42岁单身女子，却勇敢地接下了这把杀气腾腾、迎面而来的飞刀。

首先，她饶富兴味地耐心听完这段慷慨陈词，还主动要求看看孩子的可爱照片，看照片时，也花了足够的时间和热情，去享受照片中孩子的天真笑容。然后，她看着那位内心充满苦涩嫉妒情绪的女子的眼睛，诚恳认真地请教她，当年她是如何找到如今能让她生活得这么幸福美满的伴侣的，还说，一定要找时间单独约个下午茶聚会来请教她。说完这些话之后，她从容地转移了话题，把被噎得有些瞠目结舌的怨妇晾在一边，接着就继续谈笑风生了起来。

那次聚会的惊艳之后，我把这位原本并不熟稔，但让我激赏的高明单身女子的联系方式做了个记号，心里暗自记得下回若有什么类似的单身女子培训班时，一定要请她来传授心法。

事实上，我对她的欣赏倒不是因为她懂得如何巧妙地，甚至是很有权谋地化解了针锋相对的尴尬。我欣赏的，是她“不径自对号入座”的磊落和聪明。很多时候，我们为了不让人觉得自己仍然单身寂寞，就会故意弄出很大的声响，好让别人知道我虽然单身，但却活得很好、很滋润，但往往却忘了因为这种刻意，反而让自己此地无银三百两地更显窘态。或者，事情往另外一个方向发展，绷紧的神经变得极其敏感，只要有人有心或无意地提及和自己的情况类似的话题，就立刻跳起来高声为自己辩护，徒然给人留下“吃不到葡萄说葡萄酸”的难堪话柄。

变得玩世不恭，不再相信世上有真爱存在

如果我在100年前或50年前写出这个小标题时，读者一定会不假思

索地认为这是对老男人或花心大萝卜的描述。但时至女性已完全得到解放的今天，我们不得不承认，拥有经济条件和独立生活能力的女人，尤其是错过了烂漫天真的爱情年岁的女人，也开始“冷酷地”涉足了这个领域。

不过，在我进一步阐述自己的观点之前，我想先厘清一个观念，那就是我并不是一个鼓吹婚姻的人，也并不是严厉地批判那些不打算结婚，只打算享受轻松恋爱滋味的人的假道学。事实上，我总是在各种场合声嘶力竭地说，每个人都是一个独立的个体，没有任何人有权利去决定他人的幸福，也没有任何人有权利站在某个高处，指手画脚地去指挥别人，或批判别人的选择。因此，我对这个小标题的阐述，完全和个人的选择权利无关，只是和选择背后的心理动因有关。

我知道有些已年过 40⁺ 的女子，因为各种不同的理由而对爱情感到无奈、无望或失望，在补偿作用的心理机制下，转而用轻蔑的态度去抵消或漠视内心的疼痛。但是在曲终人散时，她们并不快乐，那些暂时被麻痹或遗忘的疼痛也还依然存在，而这些吓坏了她的事实，让她只得用更大强度的轻蔑去压制掩盖它，一直到最后，当疼痛再也无法用任何方式去抵消或漠视时，她才发现，爱与被爱的能力都早已远离。

这两年，由于我和先生都刻意地减少了自己的工作量，因此我们有了多一些的机会回台湾和老朋友们相聚。前年冬天，我们在一次和从前我工作的医院的老同事们的聚会中，见到了一位已经有近 20 年没联系，当年在药品公司工作的女朋友。请容许我在这里无礼地说，当我见到她时，着实大大地吃了一惊。因为在我的印象中，比我小了 7~8 岁的她，是一个很有艺术气质、很有文化品位、非常清秀干净的女子，可是那天，她的眼神和举止却迷离而轻佻，而在座的男士们对她，也一样迷离而轻佻。

那晚，她的烟抽得很凶，对酒似乎也颇有容量。吃饭席间，她的话越来越少，也一直有意地躲开和我的眼神接触，一直到我们一起起身去洗手间时，她才紧紧地抓着我的手，略带酒意，重复不断地说：我已经错过了很多，这辈子也许只能就这样了！

回到家之后，我给昔日和她走得很近的同事打了个电话，才知道了在她身上所发生的事。原来在我离开医院以后的第三年，由于总在医院的各个科室之间打转，她和我们医院的某位主治医师谈起了恋爱。这段恋情原来一直都很甜蜜和阳光，可这位主治医师却突然奉父母命回老家开诊所，并突然奉父母命娶了能帮夫的镇长的学会计的女儿。而且据说，新婚妻子的陪嫁，就是那栋用来开诊所的三层楼洋房。

这段看起来很像言情连续剧剧情的悲剧，彻底摧毁了她的理智和骄傲，执拗固执的她，坚决不肯放手。连续一个星期，她每天早上赶第一班车从离都市车程两个小时的城镇赶回医院上班，每天下班后，再坐两个小时的车回到爱人所在的城镇，守在爱人新开张的诊所外面，徘徊不肯离去，夜深了，就缩在诊所外的墙角睡觉。而她那曾经海誓山盟的男人，却连面都不曾露过。最后，一直到她的母亲和大弟闻讯从老家赶来之后，才连拉带拽地把她给按在了都市里。

从那之后，同事说，她安静了好长一段时间，每天只见她提着药厂的样品手提箱，继续忙忙碌碌地穿梭在各个科室之间。

后来，她又谈恋爱了。这次的对象是一位外表看起来很老实，科室比较冷门的小科医生。这段恋情谈得很低调，偶尔在医院的走道上看见两人一起出现时，也都是安安静静地各走各的。不过，同事说，她那时还是很快乐安适的。可是，不知是造化弄人或红颜薄命，老天还是开了她一个大玩笑。原来，这医生是一直瞒着她早有家室的有妇之夫！当两人的恋情东窗事发之后，医生的妻子气急败坏地冲进了医院，当着满候诊室的病患和家属，一上去就给了她清脆巨大的两个耳光。

事情发生之后，她离开了药品公司，也不再在医院出现，但那个相貌老实却极其懦弱自私的男人，却继续纠缠着她，既不肯和妻子离婚，也不愿放手让她离开。他们就这样断断续续地纠缠了许多年，一直到医生带着妻小全家移民到加拿大之后，她才算是从这段“食之无味，弃之可惜”的孽缘中抽出身来。可是这时的她，早已经不再是那个曾经相信世界上真有一个叫作“真爱”的东西存在的年轻小女孩了。

她变成了女人口中的“小三专业户”，女人觉得她可恶，男人觉得她好上钩。她专门和成功有钱的医生约会，而且约会的地点又必须是越来越远的国外。她不愿负责任，也不需要男人对她负责任。对她来说，爱情绝不会和天长地久有关，因此，玩玩就罢了，完全不需要当真。我这位关心她的同事曾经很严肃地问她：将来呢？老了以后怎么办呢？她灿烂地一笑，用也很严肃的神情回答道：怕什么，我有很多存款，不愁吃穿，再说，我只打算活到 50 岁！

对于这种将爱情视为玩物的心理自卫机制，我有一些语重心长的话要说，而我所说的话，和社会道德或法律规范无关，只和心理健康有关。

作为高等动物的人类，对温暖和爱的需索，是与生俱来的能力，也是永远也不会改变的心理动因。因此，如果一个表面上对“爱”的态度是无所谓的人，他（她）的心理也真的是无所谓的话，那我倒不是太担心，因为那是他（她）的选择。不过，我说过，人性的本能是不会对爱无所谓的。因此我担心的是，表面上装出无所谓的样子，自己对无所谓的态度也信以为真，但内心深处却空虚害怕得不得了，那久而久之就真的要生病了。

给 40+ 单身女子的爱情忠告

对于不管出于什么原因，目前单身，但仍然愿意接受爱情的 40+ 女人，我的爱情忠告是：

首先，也是最重要的，我们必须完全相信（是自己完全相信，而不是试图让别人相信），**自己是身心健全、没有问题的人。我们不需要为仍然单身而感到羞愧，或认为自己做错了什么事。我们只不过是单身而已，并不是罪犯。**

我们都一定见过这样的场面，当一群初见面的朋友彼此被介绍认识时，如果当下有一个比较好事者的寒暄内容是问及大家的婚姻状况时：

你孩子多大啦？

嗯！我还没有结婚呢！

比较含蓄和总在场面上混的人会说：哦？！那也好，一个人更自由！

（一旁围观的人，有的人礼貌地故作听而不见状；有的人故作顾左右而言他状；有的人故作轻松无事状；有的人故作羡慕状……总之，气氛虽然缓和但却是比较诡异和尴尬的！）

比较直率和三姑六婆型的人会说：呦！怎么回事啊？没有遇到合适的吗？

（一旁围观的人，开始提出各种叽叽喳喳的意见，有的自告奋勇帮你介绍对象；有的立刻质疑你是否太挑剔；有的警告你找个差不多的，能过日子的人就行了；有的好心地劝告你不能再耽误了……总之，气氛是让人很难受和压抑的！）

不管我们遇到的是哪一种场面，不管我们是如何高明地去应对，我们都必须坦率承认，那滋味并不好受。根据英国伦敦大学的一份社交聚会中实景研究统计，遇到这个问题时，52% 左右的单身 40+ 女性会两颊略为泛红，并以极小的幅度稍稍低下了头；而 37% 左右的单身 40+ 女性会在泛起带着情绪的红晕时，绷紧脸部线条、耸起肩膀，做出迎战的准备姿势；而 11% 左右的单身 40+ 女性则会选择立刻强势地主导话题，好转移别人对她的注意力。

因此，是的，我知道这种滋味并不好受，所以我接下来要说的话虽然听起来有些老生常谈，但却真的很重要。

当这种不好受的情绪出现时，要先勇敢地去面对它，并对自己诚实地承认它的存在；接着再找出可以消化它的方法去释放它；然后，当消极情绪释放得差不多了，再寻找积极的方式给自己的能量充电；最后，继续斗志昂然地去挑战现况。

我用一个很详细、实际而琐碎的例子来说明：

周五晚上参加公司的聚会后，你的心情跌到了谷底。尤其是酒会快结束时，外面冬夜的雨下得正大，在场的每位女同事几乎都在发短信或打电话安排先生或男伴来接，而且那个总是在显摆自己有多么幸福的女同事，甚至还假惺惺地问你，需不需要她们顺便送你回家，因为反正她先生已经在外面等了很久，待会儿还要带她去唱歌、吃夜宵。

你觉得胸口有种闷得喘不过气来的难受，回家的出租车上，你的头又痛、又晕，肩膀上像驮着两大块沉重的铅块一样，又硬、又紧。好不容易从湿湿答答、拥挤不堪的周末前夕车阵中回到了家……

以前……你什么也不想做，即便脸上还化着妆，也累得连脸都不想洗，就爬上床迷迷糊糊地睡着了，或打开冰箱，往喉咙里灌入一听冰镇的可乐、一桶1公斤装的冰激凌……第二天再继续萎靡地赖在床上或沙发上。（就在不久前，有一天夜里10点半，我躺在床上迷迷糊糊快要睡着时，接到一通让我很烦躁的电话。说完电话后，我下了床，走到厨房，打开冰箱门，拿出2个鸡蛋、1小袋子榨菜，和在一起用黄油炒了，然后在炒蛋上面撒上一大勺肉松，热了个烧饼，还开了罐酸奶，然后，在10分钟之内狼吞虎咽地把它们全扫进了肚子里。吃完之后，我感觉自己好像满足多了，就继续上床睡觉。可是我翻来覆去就是睡不着，一方面因为胃胀得难受，另一方面，难受的胃让我情绪更沮丧。所以我说，千万别试着用吃来解决情绪问题，偶一为之还勉强可以接受，但长此以往，不仅伤了身、伤了胃，需要花力气减肥，对情绪也于事无补，所以绝对是必须戒除的、“一举数不得”的坏习惯。）

现在……你打开家门，一面脱鞋，一面对着空荡荡的屋子，用你说得出口的粗话，对着空气大喊大叫几声，顺便再痛打几下沙发上的抱枕，如果必要，可以再大哭一场。喊、叫、打、哭完之后，你换好衣服，走进浴室，拿出卸妆油和棉片，仔仔细细地卸妆洗脸。如果这个时候心里有个声音说：“管他的，上床睡觉吧！”你就再高声大喊：“不行，我要好好地卸妆洗脸，我要宝贝我的皮肤。”请相信我，只要你拿起蘸了卸妆水的棉片，“排除万难”地往脸上搽，从那一个动作开始，你就不会再想把它放下来了。所以，一定要冲破这一道“心理怠惰”的关卡。

卸完妆、洗完脸、洗好澡之后，你再“呵斥”走心理怠惰的声音，勉强自己给全身涂上身体乳液，并细细地抹上护肤品，再换上柜子里洗得干干净净、香喷喷、柔软酥松的睡衣。（前天才换上的那套，别穿了，把它丢进洗衣机里！）

接着，你一定要控制住自己不走向电脑，不打开电视，去选一本此时此刻看得进去的书，如果你喜欢音乐，再放一段喜欢的 CD，让自己在愉悦的氛围中，安静下来。如果你愿意试试精油，也可以把事先调好的精油喷雾，喷洒在房间里，它会帮助你很快地就拥有沉静安适的心情。（请参见《在精油的香气中，让自己更健康美丽和幸福》那一章里对精油配方的介绍。）

所以，我再强调一次，“我们不是百毒不侵的超级女金刚，允许自己有时会难过忧伤，并不是示弱的表现。所以，不要装作若无其事的样子。但，低落是可以的，却不能耽溺其中”。

第二天早上，当你从一夜好眠中醒来后，就要进行下一个步骤了。

“行动起来”，在行动中学习独处，并习于享受独处的乐趣。（“享受独处”和“不得不独处”是完全不同的。高度不同，深度不同，幸福的程度也大不相同！）

请留意哦！“行动起来”才是第二步的关键。而我之所以这么强调，是因为我知道“行动起来”有多么重要，却也是这么难！

趁着难得不用急急忙忙赶车上班的周六早上，用厨房柜子里最漂亮的餐具，给自己准备一份丰盛而美丽的早餐。休闲缓慢的早餐之后，继续控制自己不要走向电脑，不要打开电视，不要坐到沙发上或躺回床上。现在，换上轻松，但很有精神的衣服（如果你坚持一定只穿黑色、白色、灰色的衣服，我没有意见。但我也坚持你一定要选个颜色鲜艳的配件，例如，红橙色的围巾、绿色的大背包等），打开家门，走到户外去。不管你走到哪儿去，反正就是离开家。

你可以到很有小资情调的书店咖啡屋去，可以到美术馆安静地看看当季的展览，可以到大型的公园里走走……总之，到可以“堂而皇之”一个人独往的地方去。所谓堂而皇之，是指这些地方即使一个人独往，也不会觉得尴尬奇怪。我向你保证，只要你踏出第一步这么做了，就会慢慢地琢磨出和自己独处的方式，并琢磨出它的况味和乐趣。

另外，请容许我这么无礼地说，年近 40+ 而仍然单身的另一个特点或优点，就是时间多和预算多。不管我们有多忙，事业有多大，都不会一年 365 天、一天 24 小时都在忙。所以时间和金钱，会是我们手上最好掌控的两大资产。因此，给自己安排个假期，短则几天，长则几周，近则国内，远则国外，背起行囊旅行去。（不过，实事求是地说，我还是建议尽可能到国外走走，因为国内旅行容易遇到心肠过热、爱管闲事的大妈型人物！）

我一直相信旅行有疗愈心灵的能力，因为它会将我们从固有的生活模式中带离，而身体和生活习惯一旦被从模式化的空间中切割带离，新的思维和生活习惯才比较容易“乘虚而入”重新建立。

所谓模式化的生活空间，就像是我们一定都有过这样的经验：下班后，脑子里还想着刚才的公事，所以从办公室的大门走出来之后，想也不想地就顺着回家的路走去，等快要到了地铁站、公车站或家门后，才突然恍然大悟地发现：哎呀！糟糕，我不是要回家，而是要去哪里哪里……还有，如果你是个总是开车的人，有一天偶尔骑自行车或摩托车出门，在路口转弯时，你会顺着原来的行车习惯，把自行车、摩托车骑入了快车道甚至高架桥，等你发现两旁呼啸而过、驾驶人还瞪着白眼的汽车时，才既莞尔又吓出一身冷汗地退出汽车车阵中。

以上这两种情境都是我自身的经验，当年初创业时，几乎被压力灭顶的我，没少发生过这些心不在焉、被模式化的思维和生活习惯牵着走的事。而我自己多年来就一直用旅行来倒空自己，也一直享受这种倒空之后的“崭新”经验。而且，旅行回来之后，你会发现自己变得比较豁达，因为再怎么说，呵呵，也是“见过世面”的人了嘛！

当然，要达到“倒空”目的的旅行，时间就不能太短。所以我总是喜欢建议把年假、休假累积起来，再把每次的预算也累积起来，然后安排一次长长的、深度的、真正远走高飞意义的旅行，然后在行走中，厘清自己。（对了，还要提醒一点，我知道作为女儿，我们有孝敬父母的责任和义务，也是我们该做的事，更何况带着老人旅游，也会让我们得到反哺的快乐。但我还是建议，倒空的旅行只适合独自行走，至于为什么，我相信你是明白的啦！）

既然现在身边的人出缺，那就找个自己的长项和兴趣来取代它。（呵呵！我的字义是有讲究的。我没说“填补”，也没说“代替”，而是用有积极和主导意义的“取代”这两个字。）

让我们再回到那个快乐的星期六来。早上你在公园里走了好长一段时间，呼吸了足够的新鲜空气。中午时分，你在有着轻柔背景音乐的书吧里吃了顿美味的午餐，喝了喜爱的花草茶或咖啡，还看了会儿书。离开书吧后，你顺道去了趟超市采买些东西。下午回到家时，已是午后，但天光仍然大好。于是你趁着午后的阳光，把所有床上、沙发上的织品都摘了下来，把它们都送进了洗衣机里，并和着洗衣机轰然作响的声音，把家里整个儿打扫了一遍。

家里窗明几净之后，你到浴室里把自己也从头到脚刷洗了一遍，如果条件许可，还可以泡个芳香精油浴或做一下头皮按摩和护发。然后，你干干净净、神清气爽地给自己做点简单却营养好吃的，再选部好片子，跷着二郎腿，一面享受美食，一面享受精神食粮。（看电影时，如果是喜剧，就跟着高声大笑；如果是悲剧，就跟着放声大哭！总之，放开怀来，让肺和心灵都运动一下！）

好了！现在是星期天早晨了。和昨天一样，你吃了顿休闲、缓慢和美丽的早餐，然后，把自己打扮整齐，出发到教室去。你可以学画画、学唱歌、学跳舞、学书法、学钢琴、学捏陶、学打球、学瑜伽……反正，学一样你从小就一直喜欢，但却一直找不出时间和钱来学习的东西，或者，学一样你一直都很在行的东西。（对于这一点，我的最高指导原则是，学习的过程必须是快乐放松的，如果因为学习而制造另一个成就的压力，那就大可不必了！）

我之所以把“学习一项和自己兴趣或长项有关的东西”放大了比例的原因，是因为它可以转移我们对“空虚”注意力的焦点，让一个“具象”的实体来告诉我们的脑袋：“看！我一直是有陪伴的，我并不空虚寂寞或可怜，我的世界是丰富的。”

也许你会以为这是自欺欺人的做法。也许你是对的，但根据所有心理学家的经验和论证，有明确的证据显示，人的心理意象可以因为外界的暗示而改变，而心理意象又是影响情绪和改变自我认知的重要基础，我们从小就读过的寓言故事“国王的新衣”，就是说明这个理论的最好例证。所以，我们要用“充实和丰富多彩”的实际行为来暗示心理，告诉心理：“看！我一直是有陪伴的，我并不空虚寂寞或可怜，我的世界是丰富的。”然后，我们的脑袋、我们的情绪、我们的荷尔蒙分泌、我们的皮肤状况……就会随之起舞，给出最匹配的答案来。

现在，下课了，你和班上同学一起或自己一人吃了清淡营养的午餐后，就可以出发到美容院或 SPA 去享受一周一次身心灵都被呵护的幸福了。（请一定记住，在镜子里发现自己的皮肤光滑细致、形容姣好，绝对是鼓励女人天天向上的好方法！）

傍晚，离开美容院后，如果闺密们有饭局安排，你就美美地、开开心心地参加，好好享受朋友间的甜蜜相处；没有饭局邀约，你就给自己弄点营养健康好吃的，沏一壶宁神助眠的花草茶，点上香薰炉，窝在沙发里或床上，读一本好书，然后就等着一夜好眠后，明天早晨容光焕发地上班了！

我知道，我知道，此刻你一定摇头叹息说：“天啊！金老师，你这描写的是乌托邦的生活嘛！我每天累得像条狗一样，哪有时间像你说的这么闲情逸致呀？！”呵呵！我不是已经无礼地说过了吗！对于 40^{+} 的单身女子来说，有钱、有闲，是我们最大的资产，至于真的会累得啥事也做不了？嗯嗯！只有天知、地知、你知、（或弱弱地说）我知了！而且退一步再说了，如果我们真忙得没法每个周末都这么悠闲地过，那一个月一次，也都是足够美好的了。

另外，我还要讨人嫌地再提醒一下：那么忙碌的工作，是真的确有必要，还是我们为了不感觉寂寞，而“被忙碌”了呢？

夜深人静时，问问自己，我是不是仍然渴望爱情？是不是仍然向往婚姻？

当你有了答案，而且答案是“是的”以后，就务实而勇敢地给自己制订一份详细的行动计划。现在社会风气这么宽容和开放，很多城市都有正规健康的婚友中心，我们除了可以积极大方地利用这些机构来寻找合适的伴侣之外，也要多出现在一些可以遇到“正确的人”的地方，例如，好男人比较多的酒吧，熟悉或不太熟悉的朋友的婚礼，熟悉或不太熟悉的朋友家的晚餐，或摆明了是相亲的饭局。

对于被贴上可恨的“剩女”标签的适龄未婚女子来说，很多时候，我们是处在自己吓自己的心理当中。我们总是害怕别人看出我们的焦急，怕别人笑话或可怜我们，所以就表现出反其道而行的举措来。实际上，真正的好朋友是不会笑话我们的，而不熟悉的朋友就算是笑话我们，我们反正也听不见。所以，“豁出去了”，就无所谓面子不面子的问题了。

再说，我们的焦急，只是表现在采取积极行为的行动力上，而并不是表现在神情上。只要我们切实履行了前三项的精神建设和行为建设，有了健康快乐、气定神闲的心情和态度，那么，勇往直前的果敢行动力，加上身心灵优雅安适的高情商，就会像一块巨大的磁石，把方圆百里之内的真爱，给吸引过来了。

40+ 女人的爱情攻略

这是一个有点“复杂”的时间段，既不是还没有找到爱情的完全单身状态，又不是已经嫁做人妇的已婚状态。拥有爱情，但内心仍然彷徨。

我为什么在这本书里要特别把这个时间段独立成章节来书写？原因是女人在 40+ 时面对爱情的独特态度：除了对真爱一如既往地渴望和追求之外，还同时谨慎，也被谨慎；算计，也被算计；世故，也被世故；紧迫，也被紧迫着。当然，除了这些因岁月和社会历练而产生的理性特质之外，还有比其他年龄段更强烈的既期待又怕被伤害的矛盾忐忑心情。

我听过最多 40+ 女子在面对是否要进入婚姻的决定时，会说：“一个人都已经过了这么多年了，虽然也想结婚，但也已经习惯了自己一个人，如果这个时候贸然地选择婚姻，万一嫁到了不合适的人，那还不如不嫁，干吗要自找麻烦呢？！”是啊，习惯了一个人独占一张床和电视遥控器，习惯了自己做决定，习惯了回家后安静的夜晚，如果真要打破这个已经很久的习惯，除非这个人真的值得，要不，这个风险，不冒也罢！

所以，对 40+ 的女子来说，看待婚姻的态度就有点像江湖人惯常说的那句话：赤脚的不怕穿鞋的。一个 20 出头的青春女子有大把的时间可以挥霍，所以不怕从头再来；但一个青春已然过半的女子，对手头上有限但宝贵的资产，付出时，自然要小心谨慎。所以，我一直觉得，不管因为什么原因还没有进入婚姻殿堂，但却在爱情关系中的 40+ 女子，她们对爱情的心情是最需要被理解和关注的。

因此，我给既不是还没有找到爱情的完全单身状态，又不是已经嫁做人妇的已婚状态的 40+ 女子们的爱情忠告是：

投入更多和更深之前，理性地酌情思考是必要的。

如果我们告诉已经在社会上历练打拼多年，就快要练就金刚不坏之身的女子："别想那么多了，放手吧，大胆地去爱吧！"似乎有点不负责任和过于天真烂漫。因为岁月给予我们的，除了对生命的理解和智慧之外，还有就是从经验学习而来的步步为营和小心谨慎。所以如果要让 40+ 女子不做太多思考，就直接扑向爱情，确实是让她们为难和不够现实的事。

我的建议是，当遇到一个感觉很好，在一起很开心，也"貌似"可以托付终身的男人时，在还没有投入更多、更深的感情之前，先冷静理性地做一个风险评估分析，并对投入这段感情后的产值做一个详细的预估。而做这两份评估报告的方法，不是一个人窝在沙发上瞎想，或和闺密们叽叽喳喳地讨论。我说的评估报告，就真的是一份正儿八经的评估报告。

就像是我在许多场合中一再鼓吹的那样，选一个安静，可以不受打扰地去思考的时间和地点，拿一张 A4 大小或更大张 A3 的白纸，在白纸的两面分别写下两个抬头标题："嫁给他的好处"和"不嫁给他的好处"。现在，请留意，进行这个方法的四个要件：

第一，强迫自己“写下来”。

因为必须在白纸上写字，所以我们必须动用左脑的理性思维。一般来说，人在思考时，尤其是女人在思考时，很难把注意力只集中在左脑的理性思维上。我们很容易想着、想着就走岔了方向，或上穷碧落下黄泉地走远了，所以在天马行空地想了半天之后，才发现又回到了剪不断理还乱的原点。

因此，一定要强迫自己白纸黑字地写下来，早上写不完，下午可以继续再写；今天写不完，明天可以接着再写。总之，请记住，一定要写下来。事实上，这个方法就和你去找心理咨询师一样。专业合格的心理咨询师不会告诉你面对两难时该怎么做，他只会借由倾听来帮助求助于他的个案理清自己混乱的心情和想法，而思绪混乱的个案说着说着，也就逐渐从一团乱麻中沉淀和清晰了下来。所以，我再唠叨一遍：一定要强迫自己写下来。

第二，只有好处，没有坏处。

白纸的两面分别是“嫁给他的好处”和“不嫁给他的好处”，而不是“嫁给他的好处”和“嫁给他的坏处”。你清楚看见这其中的区别了吗？

如果我们有一面是写着“嫁给他的坏处”，出于人类自我保护的天性，我们在一面写着嫁给他的种种坏处时，会一面把这些坏处刻在心版上提防着，以免自己会受到这些坏处的伤害，而且以后只要遇到两人有需要磨合的情境或事件发生，或根本还没有任何事情发生时，我们都会用倍数很高的显微镜盯着那些坏处看，并且还不断地放大这些坏处，最后就落得让这种坐以待毙的焦虑紧张情绪白白地把自己给困住了。

如果我们套用法律连续剧里常见的台词来形容这种关系，那就是我们先做了嫁给他的“有罪推论”，然后在审判法庭里，让这可怜的男人在我们无理的要挟之下，不断提出各种证据来洗刷自己的清白。如果我们运气好，这个男人既有够高的情商，够充足的耐心，也足够爱我们，那最终的审判结果可能是皆大欢喜。可如果我们的运气不够好，他既没情商，也不忍耐，更没有足够的精力来玩这场游戏，那么，一样会考虑风险和投资报酬率的 40+ 男人，也是会偃旗息鼓，自动撤离的。

而且，如果我们写的是“不嫁给他的好处”，那就算这段感情最终还是以散伙收场，我们还会以“嗯！还好没嫁给他！”这种失之东隅收之桑榆的豁达态度来承受它。

第三，不管事大事小、重要或不重要，只要想到了，就写下来。

你听过“直觉”这个词吗？这是人类与生俱来的聪慧，是我们在还没有被社会化制约之前所赖以决定行为的依据。所有的精神医学专家、心理学专家或自然疗法专家都会告诉我们要“倾听内在的声音”。什么是内在的声音？其实就是直觉对我们说话时的声音。就像是我们在被介绍认识一个陌生人时，会直觉地知道自己喜不喜欢他；或我们在做一件事情时，会直觉地知道它是对的还是错的。它是我们的本能，也是我们最真实的想法。

只是可惜的是，由于我们自小接受以脑部理性思维为主导的教育，并受制于社会主流价值的规范，我们渐渐地忘记了行使直觉的能力，也慢慢地听不见直觉的声音。但可喜的是，它一直没有离开，也一直守在那里，遇到关键时刻，它还是会挣扎地浮出水面来引导帮助我们。

所以当你在白纸上写出做或不做的好处时，一定要把每一个在脑子里或心里一闪而过的想法记下来，不要对自己说：噢！这个不重要，不需要写下来。很多时候，这些被我们强行忽略的“一闪而过”的想法，往往就是我们最在乎、最介意的关键问题，也是火力强大，足以引爆日后玫瑰战争的导火线。

第四，自己写，不是和闺密们一起写。

说真心话，我其实蛮怕那种成事不足败事有余的女人们，她们倒并不是有意搅局或坏心眼地希望你寂寞孤独，可是她们具有一种破坏性，一种杀伤力，她们可能会母性大发，悲观地认为“已成为次品”的你一定会受到伤害，男人爱你一定是对你有所企图，所以需要她在一旁看着，保护你；或几近自暴自弃地认为反正你已经是这样了，到了这个年岁还能挑三拣四吗？搭伴过日子才是最实际的，管它什么灵魂伴侣（Soul Mate）不灵魂伴侣。

所以，如果你和闺密们一起写这张单子，我保证，你要不是被她们架着下不来，拉不下脸毫无退路可走；要不就是感觉受到羞辱，把气氛弄得很僵，大家都不开心。再说了，你觉得这个人好不好、能不能过，这是很个人的事，和她们又有什么相干！所以关心你的闺密们只需要知道评估后的结果，为你快乐或提供肩膀，至于怎么做决定，你自己来就行了！

理性地酌情思考确实是必要的。但一旦做了决定以后，在爱情中，它绝对不是站在一以贯之的主导地位的。

当我们用很理性的态度，也花了很长一段时间做完了这两份风险评估报告之后，请继续听听我的建议：

如果你的白纸黑字所评估出来的结果，经过你的仔细思量后，是说服你要更勇往直前地接受这段感情时，那就把这份报告锁进抽屉里，不要再去看它。既然理性客观的评估报告已经帮我们铺垫好了万一往下坠落时的安全弹簧垫，也告诉我们自己拥有承受这个风险的能力了，那就不要再启动左脑的侦测雷达，去揣度、去猜测、去分析、去研究，我们只把享受幸福、快乐与爱的右脑和直觉打开，让自己轻轻松松、毫无挂碍地沉浸在爱情中，承接它、享受它，并回应它。

如果在享受爱情的过程中，心里偶有质疑的声音出现，不要打开抽屉，只在脑子里重新过一遍那些往前走的好处，然后说服自己安静下来，继续享受。可如果这些心里的声音越来越大，也越来越频繁，那你就得打开锁上的抽屉，再次把白纸拿出来仔细地检视一番，看看在经过一段时间的交往之后，有没有需要更改修正的地方，而且，这些需要修正的事项，需不需要严肃以对，以及自己还有没有承担它的能力和必要。

如果你问我，打开抽屉的次数和频繁度该怎么掌握，我会回答你：倾听自己内在的声音。聪明干练如你，会知道分寸的！

如果白纸黑字所得出的评估结果是放手，让他去吧！那就把“不嫁给他的好处”那一页放大10%复印下来，把原稿锁进抽屉里，或铁了心地把它撕碎。再把放大了的“不嫁给他的好处”那一页纸，贴在冰箱门上或出家门前必定会看见的门板上。然后，每当自己又有些难过低落的情绪时，就大声地把它们朗读一遍或N遍。记住，不是看一遍，而是大声地朗读一遍或N遍。因为不仅仅我们的眼睛和脑子要看见，我们的心，也一样要听见。

相信自己有权利快乐和幸福，而且获得幸福快乐的途径很多，不是只有婚姻这一条道路。

我说这话好像有些事不关己的风凉，或显得不够关切和真诚。但事实上，我说的是真心话而不是唱高调。我真的遇见过许多在婚姻里生不如死的女人，也遇见过许多不在婚姻里却幸福快乐的女人。随着年岁的增长和生命阅历的增加，我越来越相信，一个人的快乐，更大地取决于自己的内心世界，而不是取决于所拥有的外在世界。我们小时候，故事书里只会用一条清晰的线，把人分为好人和坏人；可是等到长大后，我们才发现原来好人和坏人之间的界限很模糊，而这条并不泾渭分明的线，会因事而制宜，也会因人而制宜。

因此，从小陪伴我们长大的故事书里，那个骑着高大的骏马，让白雪公主和灰姑娘幸福快乐的王子，其实并不一定是我们曾斩钉截铁所认为的一个男人或一桩婚姻。当然，渴望圆满，是人性中不可不正视的需求，但如果这个圆满终究不能以符合人性和社会主流价值的方法来实现时，也并不是就别无他处可寻。我之所以会这么说，是因为看见许多 40⁺ 女人内心世界的纠结：既渴望真爱和家庭，又不愿将就委屈了自己。而这种纠结，很霸道地绑架了她们，让她们错失了生命中可能出现的、不同景致的美好时光。

有一位我相识多年的友人，她和先生离婚之后，带着当年只有 8 岁大的女儿离开老家搬到北京工作生活。在女儿 8 岁到如今 16 岁的 8 年之间，她除了工作之外，其余的时间都在一心一意地寻找下一个婚姻的伴侣。而且随着年龄渐长，她的心越来越焦急，眼神也越来越不安定。这8年之间，她确实交往了许多对象，而且每一段恋情也都经历了不成功的爱情所必经的甜蜜、磨合、失望，终至分手的每个过程。

最近一次我见到她时，发现她原本晶亮亮的眼睛里布满血丝，凄惶之外还带着几乎盈睫的泪水。我问她为什么要这么屡屡为情所苦。她说，我的女儿需要父亲的保护，而且我也需要婚姻，我很害怕老了以后一个人的孤独。可是为什么还没遇到呢？不是已经谈了许多次恋爱了吗？她“很有母爱”地说：我必须也为我的女儿着想，必须找一个对我的女儿也好的男人！

请原谅我粗鲁地用特殊的符号来书写她“很有母爱”。因为在她自以为也在为女儿谋求幸福的8年恋爱期间，对她和对女儿来说，“女儿”这两字，都只是一个陈义过高的符号。这个符号，为她的不安全感找到了借口，也为她几近自私的行为合理化。她可能并不真切地明白，女儿从8岁开始，就一直陪着母亲经历恋爱的甜蜜与失望、情绪的高潮与低潮。在女儿的青春成长期间，并没有一个原本应该殷殷关切她的母亲陪伴在身旁，有的，只是一个一直在恋爱中寻寻觅觅并屡屡受伤的女人。

我很庆幸她的女儿并没有因此而学坏，她只是成为了一个很安静、安分和懂事的女孩儿。我不知道如此近距离地目睹妈妈的恋爱过程，对她将来的爱情观、婚姻观会有什么样的影响，但毫无疑问地是，经过了8年的疏于练习，她们母女俩都已经找不到可以促膝谈心的心情和理由了。

所以，请别误会我的意思。我并不是说女人不需要寻求来自爱情和婚姻的幸福，我只是想告诉那些把爱情和婚姻当作获得幸福“唯一”方法的女子，请她们环顾四周，看看身边一直都存在着或等待着被发掘，甚至是被采拾的幸福，就像是我这位只以为爱情和婚姻才是最终幸福的母亲，错失了女儿第一次月经来潮时的惊慌失措，第一个情窦初开轻吻后的羞赧喜悦，第一次离家旅行前的兴奋快乐。而让人遗憾的是，这些美好的生命时刻，不会重演，一旦错过，就不会再回头来过。

因此，我给生命已行进至 40⁺，目前还在爱情和婚姻的门槛前左右为难的女子们的最后一个忠告是：

当老天爷给了我们一个有别于其他人的时间脚本去遇见爱情和婚姻时，我们就得学会运用从过往的生命中所习得的智慧和经验，与时俱进地去承接和回应它。

是的，很多时候，我们对岁月的看法是不公平的。我们总以为“岁月”对女人来说，意味着颈项上的皱纹，鬓角间隐约出现的白发，带着沧桑况味的眼神，或唇上逐渐淡去的红晕。我们忘记了“岁月”对女人来说，其实也意味着更成熟干练，更善解人意，更温暖怡人，更坚强独立。而这些美好的性格和能力，是吸引男人最恒久的磁石，也是我们足以抗衡渐渐失去的青春的最有力武器。

因此，如果我们在面对爱情时，能骄傲地看见自己的长项，而不是自卑地盯着自己的短处；能聪明地运用自己的优势，而不是害羞地藏起自己的劣势，那么，不管最终是不是收获了爱情和婚姻，我们都会是幸福快乐的女子。

第三章

反抗，合作，再结合……
40^+ 女人的婚姻阶段论

为了一次在海外的重要演讲，也为了写这本书，我曾经针对目前居住在国内，年龄在 35 岁以上，大专以上教育程度，收入中等水平之上的女性做过一个样本人数虽然不多，但居住城市和工作背景都颇具有代表性的微调查。其中一个重要问题是："你相信爱情吗？"

结果答案和我的预期是一样的。已经在婚姻里的 40^+ 女人，对爱情的看法明显地趋于现实。她们认为，"平静的"爱情是维系婚姻的要素，也因此更能从婚姻中体会相濡以沫的爱情况味。或者，我用比较冷酷的口吻来说：她们因为已经充分领会了爱情在婚姻中必定"质变"的现实，所以不得不主动或被动地接受"平静的"爱情。

我记得有一次在面对将近 800 位女性观众的会场里演讲时，在演讲最后 30 分钟的提问环节里，有位年近 40，神情看起来有些焦虑的女子举手问我："金老师，我们如何能做到让婚后的爱情持续保鲜？如何能让我们的爱情在婚后不变成亲情？还有，我们都知道您有个幸福的婚姻，您是怎么做到和先生一直保持这种热恋状态的？"

记得当时还没听完这个问题我就笑了，尤其是在听见她说我和先生持续了 30 多年的"热恋状态"时，我更是乐得开怀。我记得当时自己是这么回答她的：

在还没有正式回答你这个问题之前，我想先告诉你一个在我和先生之间所发生的千真万确的事实。当我和先生还在交男女朋友的阶段，每次遇到两人不开心争执时，只要我哭了，不管这件事犯错的是谁，他都会急得赔礼道歉立刻投降；我们结婚之后的头几年，同样的情况发生时，见到眼泪就立刻投降道歉的比率虽然开始逐渐地往下降，但愿意低头的人，大抵还是他；可是随着我们的婚龄越长，他见到眼泪就道歉的比例也越低，甚至很多时候还需要我主动求和。你们知道吗？以前只要见到几滴眼泪就会乖乖就范的他，现在可能需要我连着号啕大哭两天，才能让这位老大爷发现我正委屈地哭着呢！

当然，我的描述可能有些夸张，也可能让准备进入第一个十年，或第二个十年婚龄的你，听得不寒而栗。但我说的确实是个不争的事实。而我用这个看似玩笑的方式来解释这个不争事实的原因，无非是希望为那些准备进入或已然进入一定婚龄年头的女人打一剂预防针，预防她们对婚姻抱有错误的期望值（过高的期望或过低的无奈等待都不是好事），并因这错误的期望值而受到伤害。而我之所以胆敢用“错误”这么个带有强烈情绪的字眼来形容它，确实是因为它太容易发生，也太容易被女人们选择相信的缘故。

例如，当江湖上那些闲着无聊的人士传出一些诋毁已婚熟女的无聊打油诗时（什么“牵着老婆的手，就像左手牵右手”；或“老婆就像是一件家里摆放的熟悉家具”；或“审美疲劳”等这一类的俏皮话），女人们就开始陷入了这些被假设的情境里，甚至自己吓自己地先做了最坏的判断，然后歇斯底里地用放大镜检视先生对自己的一举一动，然后再没事找事地瞎折腾一番，最后弄得老公筋疲力尽，不再有力气或有兴致哄自己之后，就更气馁地坐实自己已成为家具的事实！

除了上述这种预期被伤害的“围城心理症候群”之外，还有另一种造成无谓伤害的原因，那就是对爱情的假设是不切实际的。例如以为爱情的表现方式只有一种固定的形式，如果它不再以“恋爱”的形态出现，那就表示它已经过期或早已腐坏了，所以我们得为它持续“保鲜”。我当然同意即使已在婚姻里，或不管已结婚了多少年，爱情都仍然需要持续地经营和保鲜。但问题是必须对这个“保鲜”的要求有个务实的定义。我们不能期望“保鲜”就是在爱情里加上强力的防腐剂，让它数十年如一日地维持原来的样貌，我们更不能武断地说，只要它改变了原来的样貌，就表示它已然远逝。

我在回答刚才那位女子的提问时，就给爱情“保鲜”下了个清晰明确并十分务实的定义——爱情的本质不会改变，但它的表现方式绝对是“与时俱进”的。而这个所谓的与时俱进，意涵了：

爱情的表现方式会随着角色的变化而改变

例如两人从单纯的男友女友，变为丈夫妻子，再变为父亲母亲。每一次的角色转换，都会让两人表现爱情的方式发生微调，而这微调的目的，则是希望它更符合当下身份的需求。比方说，在还没有孩子之前，两人所需要倾注感情的对象只是对方，但有了孩子之后，就多了一个需要被关心的对象，而且这个对象还是一个不讲道理、不管先后顺序、对感情需索无度、又完全能制约我们的小生命。作为父母，我们当然不可能对这个亟待感情倾注的小生命视若无睹。

因此，原来在两人世界里所发射出的爱情讯号，由于当时只有一个收受的对象，所以它清晰、直接而强烈。但有了孩子之后，宝宝除了为两人的爱情提供了佐证之外，还在原本的接收器之上再添加了一台功率超强的接收雷达。所以当本质并没有改变、热度也没有改变、强度也同样没有改变的爱情讯号再度被发射出之后，由于讯号被强力“干扰”的结果，就一定会变成不够明确清晰的杂音。如果这个时候我们还只是习惯用与原来相同频率振幅的雷达来接受它，必然就有可能觉得这个讯号变弱了，或甚至觉得它消失了。

另外，角色一旦转换为稳固的丈夫妻子或更稳固的父亲母亲之后，曾经主导两人爱情心理的患得患失和不安全感消失，转而由稳固安全的心理安适所取代，而这种安适的心理状态，也会让我们不知不觉地疏于对直白感情的表达。（对于这一点，请千万别愤愤不平地以为它只是男人的专利。事实上，很多丈夫向我抱怨他们的妻子在有了宝宝之后，就再也不像从前那样关心或在乎他了。而且，我必须公平地说，女人当了妈妈以后，由于丰沛的母性使然，很多时候在爱情冷却表现的速度上确实会比男人要快得多！）

爱情的表现方式会随着年龄的增长而改变

例如青少年毫无挂碍、强烈而童稚纯真的爱，和两个成年人之间比较多理性思考、矜持而成熟世故的爱的表现方式是截然不同的。更何况这两个成年人的生命旅程已然走向必须负担更多责任的境况。

我们能不能想象一下，如果家里有个孩子明年就要参加事关他今后人生道路的中考或高考，他（她）的爸爸妈妈还能不能像从前那样，两个人眼里心里只有对方，只惦记着情人节、生日、结婚纪念日怎么买花买巧克力，怎么浪漫度过的事？或者家里的长辈近年来身体逐渐衰弱，三天两头得往医院看病，丈夫和妻子在家、单位、医院之间疲于奔命的空隙之余，还能有闲情逸致去惦记着情人节、生日、结婚纪念日怎么买花买巧克力，怎么浪漫度过的事？

但是，你一定要听进去我接下来所说的话：我们虽然不再像从前那样专注或明显地表现爱，并不表示它已经失去或消失了。它不过只是被暂时沉潜在那里，静静地燃烧着小小的火苗，并以另外一种方式被表现出来，例如对两人所组建家庭的责任、对孩子的责任、对彼此双方日常生活和健康安全的关怀。然后，等到有一天，当原本驮负在我们身上的责任都慢慢地卸下来了之后，当两人之间不再有旁人围绕的时候，这原来一直就没有熄灭的小小火苗，就又重新得到可以自由呼吸的氧气，并再度以更圆润和美的方式，燃烧起来。

爱情的表现方式会随着婚龄岁月的磨砺而改变

磨砺这个字眼听起来虽然有些尖锐，但它所产生的结果却是温和美好的，那就是——默契。

我很喜欢听老夫老妻说“唉！他（她）这个人就是这样，我太了解了”这一类的话，我总觉得这些话里带着浓浓的相知、理解、释然和爱宠。是啊，谁还能比夜夜共枕而眠的配偶更能了解自己呢？谁还能比以心相许和以身相许的配偶更能了解自己呢？谁又还能比敢于卸下行走江湖的面具、安然于裸裎相见的配偶更能了解自己呢？而这些了解不就是形成绝佳默契的基石吗？

所以，当曾经原始而直白的表现方式因角色转换和年龄增长而改变它的表现形态时，已因婚龄岁月的磨砺而拥有绝佳默契的我们，其实早已经是懂得如何去接收它的。而我们之所以没有接收到它，错不一定在于对方不肯给予，很有可能在于我们对爱情的接收模式过于僵化和不知变通。

因此，我在回答那位女士的问题时，反问她说：变成亲情有什么不好呢？你明白亲情意味着什么吗？它意味着“血脉”，意味着“自家人”，意味着“不能割舍的关系”，它不是比可能稍纵即逝、可能见异思迁、可能背离抛弃的爱情更牢固吗？原本两个毫不相干、毫无血缘关系的人，因为爱而成为血脉相连的亲人，有什么不好呢？我们不是应该为已拥有了经过升华而成为更深刻、更坚实、更不可相离的爱情而狂喜吗？

好了，在把爱情必然随着婚龄而产生微调的事实阐明之后，我们再回头来以比较理性的态度看看婚姻的几个其他的事实。

我在我的《女人30+》这本书的“婚姻”章节里提到过，对于古今中外所有为人排忧解难的婚姻专家来说，我们在进行婚姻咨询时都大抵会遵循一个原理来说事，那就是“婚姻的七个阶段论”。

当然，由于婚姻牵涉两个曾经独自生活二三十年，拥有各自的成长经验、人格特质，以及从成长经验中所建构出的价值观的独立个体，因此，每桩婚姻都必定有它的独特性，也没有一个婚姻专家敢说婚姻一定会遵循什么制式的轨迹行进。但我们也必须承认，由于婚姻的本质使然，大部分的婚姻都可能会沿着一条大同小异的路径往前走，并经历七个不同的阶段：

第一个阶段　激情

这是最美好的蜜月时光。两个人在最炙热的爱情里互许终身，心里都相信这桩婚姻让所有的人羡慕，一定会白头到老。即使在日常生活中发现了对方的缺点，也都能在彼此仍然高温的爱情中予以宽恕和容忍。

在物质生活还不像现在如此发达的纯真年代，这个阶段曾经可以长达5～7年，但由于现代生活的种种影响和年轻人自我意识的扩张，这个阶段已经遗憾地被缩短成1～3年，或变成更短如闹剧般的闪婚闪离。

第二个阶段　了解

这是婚姻生活的必经之途，也是无可避免的阶段，特征是失望和冲突。严格来说，能否通过这个阶段的挑战是两人是否能相守一生的重要基础。对于才二十多岁或三十出头，婚龄不算太长，仍然心高气傲的年轻夫妇来说，“了解”是最艰难，也是最需要学习的阶段功课。

对于属于婚姻前期的第一个阶段和第二个阶段可能发生的种种现象的解释和应对之道，我在《女人30+》里已经有过非常详细的叙述。如果您此刻正面临这两个阶段的问题，请参考《女人30+》有关“婚姻”的章节，在此我就不再赘述。

第三个阶段 反抗

和第二个阶段纠结在一起的，是第三个十分危险的阶段："反抗"。而它之所以被婚姻专家们称之为危险阶段的原因，乃是此时夫妻双方可能都开始步入了人生比较艰困的时期——责任期。

从发展心理学的角度来看，35～55岁是人生的责任期，而45～50岁则是人生责任的高峰期。在这个高峰期阶段中，为人子女必须面对父母已进入耄耋之年，随时有养老送终的可能出现；而此时自己的孩子又还没有完全成熟，除了需要担忧他们的未来之外，还有各项费用，如教育费用、购房费用的负担（面对这些内外交逼的责任压力，我们不得不承认，由于父系社会的主流文化和价值观使然，男人要比女人所承受得多，也感觉迫切和强烈得多）。

雪上加霜的是，这个人生责任的高峰期正好也是每个人对"自我价值"定论的拐点。40岁之前，我们对自己已获得的成就比较宽容，因为我们认为还有时间，不管在体力、精力上也还有可拼搏的本钱。可是一旦步入40大关，上述这些扑面而来的责任压力让不能输，也不敢输的情绪变得越来越强烈，如果这时再加上对自己工作成就的失望和不尽满意，那么"时不我与"的挫败感就会像雨后萌发的毒草一样，开始吞噬着内心和对自我的评价。

出于人类求生的本能，以及人类得以继续繁衍的内心需求，人在这种情绪下一定要找到一个可以宣泄愤懑的出口，要不就会被无边的负面情绪所淹没。而在寻找出口的过程中，再次被人类的求生本能所驱使，人会自然而然地去寻找那个让我们觉得安全（或可以安心欺负）的对象，例如孩子敢在温柔慈爱的妈妈面前任性地大吼大叫，却在严肃的爸爸面前乖乖地不敢吱声。因此，如果挫败的情绪发生在稳定的婚姻关系中，配偶想当然耳地就会被假设为是那个最安全、最方便，也最容易发泄挫折的对象。

当然，我们可想而知，如果这个时候夫妻双方都有需要宣泄的情绪，却都遗憾地还没有学会或意识到如何去承接对方的情绪，那么由压抑挫折而引发的紧张关系，就雪上加霜地衍生出另一个需要面对的挑战了。

那么这个由压抑挫折而引发的紧张关系会导致什么样的结果呢？答案是因个人的人格特质而异，以及因所处的外在环境而异。

例如，比较温和内向、不敢直面问题的人，会把挫折的情绪压抑在心里，用理性的左脑说服自己聚焦在对家庭的责任上，但是这些被压抑的情绪并不会自动消失，它们有可能会转换为另一种负面的能量形式，转而攻击身体器官，用身体疾病或疼痛来宣泄愤怒；或者是在婚姻的后段，当对家庭或孩子的责任都卸下后，一举爆发，让老伴错愕不已。许多已安稳度过多年婚姻的老年人，突然在人生的夕阳期出轨，或性情丕变，从心理学的角度来说，都或多或少和上述的心理因素有关。

至于性格外向、个性冲动直接的人，则可能引爆家庭冲突，借由不断地争执吵闹，甚至肢体冲突，来释放没有办法被理解消化和接纳的情绪。

当然，此时所处的外在环境，也在是否能顺利维持婚姻关系中扮演了重要的角色。例如，如果周围的同事好友们都是对婚姻忠诚负责的人，那么即便个人在婚姻中已充满了挫折，也都还能尽力地约束自己，以符合同辈群体的价值观；可如果周围好友都疏于自律，若再又遇上谈得来的异性朋友，那么在宽松的心理环境下，为自己向外寻求安慰的行为合理化的概率就要大得多。

我相信对每一个已婚人士来说，对于我们挚爱的人，我们既不希望他（她）在婚姻中苦涩地隐忍自己，也不希望他（她）借此找到可以不负责任的理由。因此，我每每在各种可以发声的场合里几乎是“声嘶力竭”地劝告，就是希望我们，尤其是做妻子的人，当然也包含我自己在内，都能在理解这层道理后，做一个懂得如何以智慧去承接配偶挫折情绪的人。而且我所希望做到的，不是消极地去忍耐配偶丢给我们的情绪压力，而是积极地去承接并帮助他消化和渡过难关。

我知道对日子过得也很忙碌、也很挫折、压力也很大的我们来说，这是一件说起来容易，做起来却一点都不容易的事。所以我在演讲中常常建议愿意努力去这么做的朋友们，试试看下面这些心法：

告诉自己，和我们处在相同景况的人很多、很多，自己不是那个唯一和最倒霉的人。

相信我，如果你站在繁忙的大马路红绿灯前，你只要伸手向前后左右过往的人群里随便一抓，准能抓到一大把和你当下遭遇完全相同的人。如果你再花 30 秒钟，左右张望一下，我保证你身边和你貌似年龄差不多的女人中，有 99.9% 都和你一样正经历着相同的生活内容，和有着与你相同的问题。而且，如果你走到美国、英国，或世界上任何一个现代化国家的现代化大城市的十字路口红绿灯前，你再左右张望一次，所得到的答案也会完全相同。因此，你并不孤单，也不是唯一的那个人！

知道自己不是唯一受苦和倒了八辈子霉嫁错郎的那个人，是个很重要的健康心法。因为这样，我们就不会觉得配偶的怒气或变态是冲着我们来的，也不会觉得只有他才情绪不稳定和无理取闹。这种“事不关己”

和“不对号入座”的态度，不仅能帮助我们比较客观和心平气和地去看待问题，也比较不容易因此而激发自己的怨气和怒气。

如果你不相信我说的话，下回到住家附近街心公园大树底下正围坐一群聊天的老太太们身旁待会儿，听听她们八卦式的聊天内容，你就知道那是如何地有疗愈效果。当老太太们七嘴八舌地数落着自己家老头的种种不是，又得到与我心有戚戚焉的邻居热烈的共鸣后，那种了然和释然，真不是心理治疗师在治疗室里能够轻易地做得到的。这就是人性中“从属”和“从众”的心理需求。只要我们知道自己不是在这条艰难的路上踽踽独行，知道身边一直有同伴同行，就会感觉有安全感，不再孤独害怕，也不再绝望无助。

告诉自己，男人也有情绪危机，也有荷尔蒙不平衡的问题。很多时候，他们也和我们一样，受到情绪失衡的影响而身不由己。

有时，我真的很替男人打抱不平，尤其是替那些身处责任高峰期，又正值中年危机的男人抱不平。我的仗义不平，是因为他们完全被忽略了其实也是个“有血有肉有荷尔蒙”的人的事实。如果你翻看各种纸媒和电子媒体的专题文章或卖药的广告，统计一下有多少篇幅是和女性的更年期有关，再统计一下有多少篇幅是和男性的更年期荷尔蒙失衡有关，你就会知道我的不平则鸣是绝对有根有据的。

由于女人有“月经”这个可以被量化的符号特征，所以经由它我们可以明确觉知所经历的每个生理年龄阶段，并由此预测因激素分泌水平的起伏而可能引致的情绪问题。身为女人，我必须坦白招供，这个可以被量化的特征对女人来说，是个绝佳的保护色，也是提供我们拥有耍赖特权的正当理由。年轻时，我自己就常常用它来要挟我先生或给自己找到合法任性的借口。

女人除了真实的自我感受之外，媒体、医疗人员、药厂等有意无意地对“激素水平与情绪波动”之间关系的渲染，也为女人的肆无忌惮，壮大了声势。但男人就没有那么好命了。他们因为没有“月经”这个可以被量化的符号特征，所以生理和情绪的变化既不容易被觉察，社会文化和舆论环境也不容许它被合理地表露出来。

事实上，男性在年龄超过40岁以后，也可能会出现一些和女性更年期相似的征状，这现象在医学上也叫男性更年期。而且它主要的形成原因和女人一样，是因为男性荷尔蒙的分泌水平渐渐下降所引致。30岁以后，男性荷尔蒙的分泌水平每十年就下降10%左右，而且每个男性都会经历男性荷尔蒙下降的过程。此外，因为个体体质的原因，有些男士的男性荷尔蒙水平可能较其他男士为低，他们就更可能出现男性更年期的生理和情绪征状。而且，男性也会因激素分泌的起伏而有每个月几天的心烦意躁，这也是个很正常的现象。

所以我们得理解男人进入中年危机期时，来自内在生理环境和外在成就压力所引发的恐慌和焦虑。作为一个血肉之躯，他和我们一样，也有无助和脆弱的时候，也有撒野和耍赖的权利。

告诉自己，这只是婚姻进程中人人都必定经过的一个阶段，是一定可以熬得过去的！

年龄越大，我越觉得随着年岁失去的是初生之犊不畏虎的勇敢和乐观。但随着年龄越大，我也越觉得勇敢和乐观对生命来说，是多么珍贵和必要。

我知道，有些时候我们过着过着就觉得日子好像没有了盼头，仿佛眼前这条漫长而崎岖的泥泞小路看不见终点和尽头，所以不知道自己还有没有举步的力量和继续往前迈进的勇气，或甚至不明白它是不是还有继续下去的意义。当然，它是否还有继续下去的意义，完全关乎个人主观意志的选择，而且不论是继续往前或就此打住，也完全没有是非对错的绝对评价。

不过，如果在理性和感性的综合评估后不愿就此放弃，同时也觉得情势还有可为的话，那就一定要乐观地相信这段艰难，即便匍匐，也还是可以熬得过去的。

那么，怎么熬呢？

我曾经是这么帮助一对中年夫妇熬过来的：请双方，或愿意更多付出努力的一方，写出当初爱上他（她）的理由，以及他（她）种种的可爱和美好（不是曾经的可爱和美好，而是现在的可爱和美好。请不要告诉我你找不出来，如果真找不出来，你就不会做再继续走下去的决定了）。然后在可以一个人独自安静的时间和环境里，闭上眼睛，一遍遍地在脑子里回想那些爱的理由和可爱美好的画面。你想用多长时间就用多长时间，一天想做几次就做几次。

我请你这么做的目的，是想让这些理由和画面占据你脑子里的空间，强行霸占并删除覆盖掉那些不肯离去的消极悲观画面的容量和转换它们的能量运作方式。一开始这么做时，你可能会觉得有些困难，可是经过几天的练习之后，你就会发现这些美好画面会自动弹出，开始主导了你的思想，然后慢慢地，你的情绪反应、行为模式，甚至生理环境，也都会因思想的能量转换而发生变化。

接下来，就是这个练习中最美妙的部分了。当你的情绪反应和行为模式往积极正向的象限挪移了以后，即使对方又做出了和以往相同、会激怒你的负向举措，但因为你“积极的”不回应和不作为，让这个负向行为找不到可以承接并弹回它的落脚平台，以及最重要的，能增强它势头的火苗（还记得中国那句充满人生智慧的老话“一个巴掌拍不响”吗），然后一次、两次、三次……之后，这些负向行为就陷入了唱独角戏的窘境，失去了“表演”的乐趣。最后，它就被来自你更强大、更正向积极的能量，牵着鼻子往光明的途径走了。

最后，也是最重要的一点。告诉自己，他也和我一样，也在努力经营，也在困境中挣扎，也在试图找到一条突围而出的路。

这是很多女人的盲点，以为只有自己感受了婚姻的挫折，以为只有自己在受苦，以为只有自己在努力经营或尽力挽救。事实上，我可以拍胸脯打包票地大声告诉你，男人也一样感受了婚姻的挫折，也一样在受苦，也一样在努力经营或尽力挽救。所以请不要居高临下以圣人的姿态自居，也不要自怜自艾以苦行僧的牺牲为美饰，当然更不能自居为专家，指手画脚地为两人的关系下指导棋。

我还记得年轻时我先生最怕，也最烦我讲的一句话：“我们需要沟通一下！”他觉得我很自以为是，总是以婚姻治疗师的身份自居。说这句话时的口气和神情，要不是含着居高临下的指导态度，就是牺牲奉献的伟大和委屈，好像我们的婚姻和沟通方式都是由我一个人给扛起来似的，而他，就是那个不懂得经营婚姻，需要被帮助，只知道索取、不知道努力的失败者或破坏者。（呵呵！现在我当然是不会，也不敢再这么说话和这么想啦！）

第四个阶段　合作

婚龄越长，婚姻的本质中也意味着更多的统合和协作。例如共同拥有财产，建立共有的事业，共同养育子女，以及共同面对生活中柴米油盐的财务管理琐事和困境。两人的关系不仅从情侣变成伴侣，也从父母变成伙伴。进入了这个阶段以后，“家庭共同利益”的比重加大也变得更加重要。但是就像所有的商业运作模式中的合伙关系一样，两人除了在争取更大的共同利益这个原则上是相同的之外，在如何经营管理和日常运作上，还是难以避免地会各持己见，时有争端。

针对这一点，作为受过教育、拥有独立生活能力和经济收入的现代女性的我们，已经不可能再像过去的传统女性那样，顺从地听任丈夫的所有指示和安排。尤有甚者，现代女性不仅不再低头顺服，往往反而还是家庭议会中的意见领袖，决定了家庭共同利益的大事和小事。其中荦荦大端者，包含了如何购置房产、规划理财；而日常琐事上，则包含了如何教养子女、敦亲睦邻。

我个人对夫妻合作关系中“女人当家”没有什么意见，只要夫妻双方都觉得舒服合适，一点儿都不关旁人什么事。不过，我比较介意的是“女人强势当家”，也就是女人硬要掌控全局，硬要发号施令，硬要把先生的头往下按住，那就会让我悄悄地捏把冷汗，担心这桩买卖迟早要发生问题或干脆熄灯关门。而且，请相信我，我的直觉因为看过太多类似的例子而变得异常敏锐。

曾经有对新婚燕尔的小夫妻俩甜甜蜜蜜地到北京来看我，我请他们一块吃了顿晚餐。晚饭席间，只见那年轻娇美的妻子坐在桌前动也不动地等候先生伺候夹菜，白灼虾为她剥了虾壳放在碟里，清蒸鱼为她剔了鱼刺放在碟里，京都排骨为她除了骨头放在碟里，甚至连白灼芥蓝都得为她把梗子切成小段后放在碟里。而她那年轻壮实的老公，在忙活了一阵子之后，几乎没吃什么东西。

原本我对小夫妻俩这番你情我愿的恩爱表现没怎么在意，但在准备离开餐厅前所发生的事，却让我有些不开心。原来他们已计划好在饭后去电子城为先生买部新手机，因为他的手机已经太旧，常常无故关机，而他们明天一早就要搭机飞回所居住的城市。可是就在准备出发的前几分钟，小妻子突然决定不去电子城了，因为她想去某个品牌的旗舰店看看，因为她突然记起来，曾经听说这个旗舰店比他们所居住城市的店里的货要齐全得多。

当我听见这位任性妻子对先生做出这样毫不体贴并不容商量的决定指示时，自己都感觉很尴尬，于是借故走出房间去打电话。等我在房门外磨蹭了几分钟之后再进房间时，俩人已经穿戴整齐准备出发去品牌旗舰店了。而那位不得不放弃早就规划好买手机的先生的脸色，也看不出有什么异样。

那天晚上当我远远看着小两口的背影离去时，心里就知道这桩婚姻可能持续不了太久。因为我知道在婚姻中“过度倾斜”的权利，绝对是需要以彼此尊重来维系两情相悦的致命伤；我也知道，在婚姻中一方颐指气使，一方退让妥协的关系不可能足够坚固。而这基础不够稳固的婚姻殿堂，只要不幸地遇见一点星火，就足以引爆燎原的烈焰来摧毁它。

我的乌鸦直觉不久后果然应验。就在他们来北京看我还不到一年的时间之内，原来唯唯诺诺的先生就有了新欢。对方是他在某次同事的生日饭局中认识的女孩。当这位女孩以温柔的姿态向他款款招手时，他就义无反顾头也不回地往前奔赴去了。而事发后这位哭得死去活来的任性小妻子，还根本不明白自己到底哪里不如人或做错了什么事！

十多年前我刚回内地，开始在一些公开场合演讲时，曾经在南方的某个城市发生过一件至今想来仍让我感到害怕的事。那天我如往常在台上讲两性关系和婚姻，也如往常地先告诉台下的女性朋友们，男人在父系社会里所承受的种种压力，以及女人该如何以温柔之道来巩固婚姻。可就在我开讲还不到半小时，坐在第一排的某位中年女领导就陡地豁然站起，她伸出食指，声色俱厉地大声指责我说：你到底是男人还是女人？你干吗要替男人说话？

我当时被这辈子从来没遇见过的阵仗吓得浑身发抖，只好抓住椅子的扶手来强自稳住身体，并挤出微笑力持镇定。还好当天在座的还有一位年纪比她轻，但官职比她大一级的女领导，所以在这位女领导比她更强势的发话安排下，她被请出了会场，并让我继续在台上结结巴巴地把课讲完。

从这个惨痛的经验以及之后的多处演讲和私底下的朋友接触，让我意识到了中国内地的女性在社会和家庭中的崇隆地位（我亲耳听见公司里不止一位女同事，在电话里狠狠地教训她们的先生或严肃地指示他们做事），以及深刻领会了“女人是半边天”的理论，在这里是如何地被非常实际地执行着。但我仍然对此充满了好奇心，也依然很细心地观察着，我很想知道女人在拥有强势的主导地位之后，对婚姻到底是加法还是减法?

当然，答案也许你们已经猜到了。不断攀升的中年外遇和离婚率数字，告诉我们，是的，问题不在于你是否拥有强势的主导权，而在于你是否懂得巧妙地去运用它。也因此，我常喜欢在一些比较私密和有安全感的场合里，对着一屋子精明干练的女强人们说："你们呀！外表看起来好像都很强悍，其实呀，是赢了面子，输了里子咯！"

是呀！我们可以精明能干，但不能强悍到让男人以为我们不再需要被宝贝呵护；我们可以经济独立，但也不能嚣张跋扈到让男人在我们面前自惭形秽；我们可以拥有自由，但不能骄纵任性到让男人精疲力竭退避三舍；我们可以发展自我，但绝不能让男人因此而损及自尊颜面尽失。而这个"度"的掌握和一收一放之间的分寸拿捏，其实很简单，就只有几个丈量的标准：

- 我们受过教育之后，所应该拥有的良好教养；
- 我们对他的爱；
- 他值得拥有的、我们对他的尊敬。

最后，再提供一个我个人在面对和先生对共同利益的决定产生冲突时，所采取的"最高指导原则"：如果他坚持所做的这个决定，虽然我可以预知是错误的，但结果是我们可以承受的，也不至于对家庭或事业产生毁灭性的影响，那我就会放手让他去做决定，然后让结果去更正他，因为我不愿意用可以消耗的物质去危及我们无法消耗的感情；可如果他坚持的决定是足以动摇共同利益根本的，那我拼了命也要去阻止他。

不过，我得严正声明的是，上述这句话片面地听起来，好像是我站在智慧的高处，从来都是洞烛先机，也从来都不会犯错，但事实上，我深刻地明白，先生也是以这样的态度来面对我时不时的固执己见。而我们的彼此妥协和坚持，其实都是为了在维护家庭共同利益的大旗下，对美满的合作关系所释放的诚意。

第五个阶段　再结合

当孩子长大，到外地念书工作，有了自己的朋友圈子或甚至结婚了以后，夫妻两人又恢复了从前安静的时光。只是这次不同的是，从前的安静中，萦绕着两情缱绻和恨不得天天都只是二人世界的渴望，但现在的安静中，却充盈的是曾经繁华热闹后的寂寥和想念，有点像是心被掏空了般地落寞。因此，对已进入婚姻中期偏后段的夫妻来说，这时正是彼此需要、相依相偎、享受彼此陪伴的再结合。当然，这种理想状态并不容易立刻达成，需要再添薪加柴，才能重燃激情的小小火苗。

对需要重新寻回如何享受两人独处“技巧”的夫妻来说，这确实是一件需要学习的功课。我认识一对学历、事业、家庭都堪称完美的夫妻，他们有一双儿女，每年寒暑假，夫妻俩都会计划一次带着孩子到海外旅游的行程，每次他们都是欢欢喜喜地出门，也欢欢喜喜地回来，另外，还带回许多让大家欣羡不已的照片和纪念品。孩子们上学期间，他们夫妻俩也总是牵头联系周围的好朋友们一块儿吃饭、看戏、打球。在朋友圈里，热情风趣、见多识广、大方好客的他们，很受欢迎，也很受爱戴。

随着他们两个孩子分别到国外念高中大学，并且开始喜欢参加学校组织的滑雪风帆骑马活动，而不再那么热切地愿意和父母一起出行后，夫妻俩就开始转而筹组朋友间的海外旅行，日子也一样过得丰富而精彩。一直到有一次长假期间的“意外”发生，才打破了夫妻间向来幸福快乐的表象。

那次长假，原本有3对夫妻决定一起到大溪地旅行，机票和酒店也都已经订好了。可是就在出行前几天，一对夫妻的父亲突然在浴室里摔了一跤，除了髋骨骨折之外，还有脑溢血的迹象，因此他们不得不取消原定计划，留在医院帮忙照顾。而另一对夫妻也在出行前几天发生变化，原来市里发生一起公共工程事故，而身为主管机关公务员的他，必须留守在岗位上负责指挥事故后的抢救事宜。所以这对夫妻只好自己出行。

从后来这位妻子对我的描述中，我知道他们的问题从抵达大溪地后的第一顿晚餐就开始浮现了。在那顿有着浪漫烛光摇曳的晚餐桌上，起先他们的谈话主题以两个在美国求学的孩子为主，接着又谈到了另两对因意外发生而无法成行的夫妻的情况。当这些已经在长途飞机上讨论过的话题又重新被更新一遍，并且已无法再成为话题之后，这对在彼此感情上并没有二心或瑕疵的夫妻俩，就突然陷入了相对无言、没话可说的尴尬情境。

为了隐藏这种尴尬，也为了抵消突然发现俩人已不懂得如何独处的不安，他们各自拿出了手机，就着昏黄的烛光，假装看微博和努力写微博。可想而知，这次旅行中接下来的几天时间里，他们一面试着寻回往日二人世界的相处感觉，一面又为已经失落的感觉而焦虑沮丧不已。其间，除了游兴尽失之外，甚至还为了一些鸡毛蒜皮的小事而吵过好几次架。

其实，这种感觉在我和先生之间也曾经有过。15 年前，我 40 岁时，我们终于决定离开台湾，定居北京。当时我们的儿子已经在英国念书了好几年，我们也已经习惯并接受了他不在身边的事实。但是我们一旦定居北京后，我们就必须离开家人，离开一直在一起玩的好朋友们。也就是说，到了北京之后，我们就只有彼此了。

我必须坦率地说，当时我们都有点慌张。虽然我们对彼此的感情都很纯粹和忠诚，但我们已经很久没有试过长时间只有两个人互相依偎的情境了。我们不知道是不是还能应付，也不知道那些曾经有过的感觉还能不能被找回。我记得是我主动提出这个担忧的。我对先生说了我的想法和担心，感谢的是，他告诉我他也想过这个问题，但经过考虑之后，觉得这不会是我们之间的障碍。因为，他说，我们的感情基础稳固，两个人又都有继续在一起的强烈意愿，所以一定很快就会熟悉并摸索出如何因时制宜的独处方式，并重新找回那种感觉的。

如今，我们不仅找回了两人世界独处的快乐，甚至还乐此不疲地喜欢只有两人一起结伴旅行的自由自在。我们可以在埃及独处两个月，也可以在北京郊外的家里独处两天。当我们已长大成人多年的儿子出声召唤我们一同旅行时，我们立刻欢喜起身相随；可当他愿意和自己的朋友玩在一起，把我们“晾”在一边时，我们也以已经拥有彼此而感到富足。而我之所以敢于在这里这么直接地炫耀我们的幸福的原因，是因为我很想快乐地告诉你：你们也一样能做得到！

当然，重新在婚姻的中后段找回或学会独处的方式，确实是有下列这些技巧性的东西可以依据。

乐于接受。

乍听之下，你一定会觉得好笑。接受？谁不会接受啊？！我还巴不得接受而不付出呢！

但如果我再描述一个场景给你听，你就会明白女人是如何不懂得接受了。

星期六晚上，你先生决定要“带你”出门吃饭。你起先说：别浪费了，花这个钱干吗，在家随便做点吃的就行了！后来你想到了电视上婚姻专家说的话，于是就答应出去吃了。在车快要到达餐厅时，你不断地指挥先生应该要在哪里停车，以避开晚餐后的塞车或昂贵的停车费。走进餐厅之后，你小声问先生这家餐厅会不会太贵；点菜时，你故意只选经济实惠的菜，拒绝他为你点一道你最爱吃的中式小牛排；在他还在继续翻阅菜单时，你干脆直接地说：够了，够了，再点就吃不完了，别浪费了！

等你们终于吃完了这顿累人的晚饭之后，走出餐厅门外，你先生看见路旁水果摊上有你最喜欢吃的南方水果，你害怕他在这儿买水果多花钱，于是一把把他拉开，嘴里还不断地说：走吧！走吧！花这个冤枉钱干吗！不吃也不会少一块肉！

看完上面这段描述，你可能会不服气地说：我这是会过日子，这年头钱多么难赚啊！难道不应该精打细算吗？

是啊！是啊！但我还想再接着告诉你另一个故事。我有一个很会赚钱，身家早已过了好几亿的女性朋友。她有自己的企业王国，在公司里指挥若定地统领几千号人，几乎没有什么事是难得倒她的。可是在商海里纵横捭阖的她，最害怕老家的父母来北京和她同住，只要两位老人家一来，她就要头疼胃疼好几天。原因不为别的，只因为她想好好地孝敬老人，让他们舒舒服服地享受晚年，但是……以下场景，就是不断在他们之间上演的戏码：

到餐馆里吃饭。菜上来之后，妈妈问这盘菜得花多少钱啊？她只要据实以告，不管多少，老母亲都要为餐馆老板的无良暴利生气一番，然后告诉她这盘菜如果在家自己做，只要花多么少的钱，而她又是如何单纯地被骗了多少冤枉钱！

在商场里买衣服。只见她和两位老人在售货员面前推来推去，她告诉老人们这件衣服质料好、款式好、又保暖，他们却告诉她，老家大街上卖的同样款式的衣服，只要这个价钱的十分之一，于是她又是如何单纯地被骗了多少冤枉钱！

而最让她崩溃的事情是，有一回妈妈身体不舒服，门诊诊查后，综合医院的医生担心老人家可能是甲状腺肿瘤，为了确诊，需要再到专科医院去排检。为了不影响老父老母的心情，她保留了这个诊断的可能性，只是解释说得再安排去专科医院看看。由于当时是北京进入伏天最热的时候，她因此安排了需要多花一点钱的特需门诊，好让老母亲少受一些排队挂号的罪。可是老母亲坚拒这个要多花钱的安排，坚持要在大热天的午夜拎个小板凳去排队挂号，然后让她在会议途中，身心煎熬地担心是不是会有意外发生，并且需要频频分心，出来给陪同老母亲的秘书打电话。

当她告诉我这段经历时，我可以看见一个女儿内心的挫败、沮丧和痛苦。作为已经可以反哺双亲的女儿，或有心疼爱回馈妻子的男人，当他们在真心付出时，却得不到所爱的人的欢喜接受，那种心情，我相信是所有想孝顺父母却得不到父母悦纳的子女，所可以感同身受的。

而不同于我们和父母之间割不断的血缘关系、无限忍耐和无条件的爱，本来就需要努力经营的夫妻关系，是禁不起这番“不识抬举”的折腾的。我们的不轻松接受或不欢喜悦纳，除了会打击他的积极性之外，也会让对方接收到一个讯号，那就是：我们不值得他的付出。

所以，如果你想重新找回两人恋爱时的独处乐趣，就请先把会过日子的良好美德放在一边。别紧张，放轻松，想想孩子都已经大了，我们也已经勤俭持家那么多年了，也是该轮到我们轻松享受成果的时候了。再说了，我们是如此美好的女人，当然也值得我们的男人拍拍我们的马屁，为我们献献殷勤的。

让他取悦我。

我在前面“合作”那个婚姻阶段里说过，我常常对着满屋子的女强人说，她们赢了面子，却输了里子。没错，作为女强人，我们虽然在表面上处处占上风，但却失去了被男人取悦或被男人照顾的实质权利。而这些特权的失去，倒不是因为男人不愿意给我们，而是他们或者误以为我们不再需要，或者即便想给，也害怕给的东西上不了台面，让我们不屑一顾，所以干脆就多一事不如少一事。（想想看，如果你想送份礼物给一个什么都有的人，那会有多难！）

从两性人格特质的角度来看，男女互相吸引的一部分特质是，女人享受被关爱和被保护，男人则有给予和提供保护的欲望，而且男人的天性中有很重要的部分在于想要供应和取悦女人。这个论据已经从许多社会学的调查研究中得到，社会学家发现，不管从哪个年龄阶层或哪个文化背景来看，“让自己的女人快乐”都是男人衡量自己是否成功的重要标准之一，而“能取悦自己的女人”也是让他们获得成就感和自豪的事。所以，男人从天性上来说，都容易被那些愿意被他取悦的女人所吸引。（你到大街上的国际大名牌店里转转，就会明白为什么有钱的老头喜欢带着拜金小女孩买东西了！）

所以今后，当先生夸奖我们今天打扮得很年轻时，我们要甜美地说谢谢，而不是生气他哪壶不开提哪壶或怀疑他故意讽刺我们；当他提出今天下班要来单位接我们时，我们要感受幸福地说谢谢，而不是举出各种会造成他不便的理由来回绝他的好意照顾；当他出差回来给我们买回礼物时，我们要真心而开心地说谢谢，而不是嘲笑他眼光太土、埋怨他买得太贵，或责怪他随便乱花钱。

总之，我们要学会接受他的取悦，并允许他的取悦。要不然，这被我们硬生生给折损的男子气概，上焉者，被他压抑在心里生着闷气，并不再花心思讨好我们；下焉者，找到另一个愿意快乐承接他的取悦的对象，到别处去满足成就感和展现男子气概去了！

别再奔忙。

我自己知道，这一直是我的问题。如果周末我和先生两个人一起在家吃饭，那天在家帮忙的阿姨又休假的话，只要一吃完饭，不管我们是不是还在聊天，我就立刻想站起来收拾碗筷，把它们拿到水槽边洗刷干净。好几次，我都几乎快要站起来了，然后又在心里强迫着控制自己继续坐着。或者，如果我和先生一起在做些什么事的时候，只要他一顾着说话，而把手边的活给慢下来的话，我就很想出声告诫他：快点！别只顾着说话！

我知道我的这个“坏习惯”是从当妈妈之后所养成的。当孩子还在襁褓中时，我们得趁着他睡觉时，抓紧时间洗衣服、做饭、收拾屋子；当孩子上小学时，我们得准时赶到学校门口接他放学，然后钉着他写作业、吃饭、洗澡、按时上床起床；当孩子放假时，我们得在单位里用最快的速度把工作做完，才能有空在假日带着他去动物园、游乐园、博物馆……每个女人在当了妈妈以后，都会发现自己走路的速度快了，吃饭的速度快了，说话的速度快了，就连呼吸的速度也快了……

所以当孩子长大了，不再需要我们用小跑步来绕着他的身边转时，我们“快节奏”的习惯却已经养成了。我们已经不太会用好整以暇的心情来享受缓慢，这快节奏的习惯让我们觉得拖延是不对的，觉得自己在浪费时间，而手边还有那么多的事情要做。即使我们强迫自己慢下来，礼貌地听听身旁的人说话，但心里却仍然惦记着那些还没有做完的事。而我们不知道的是，这种心不在焉的态度很容易被对方捕捉并察觉，而且是很影响交流和完全不浪漫的事。

所以，现在我常常在心里大声地告诫自己：金韵蓉，我们要赶火车吗？金韵蓉，我们待会儿要赶着出门吗？金韵蓉，这些事如果没做完会发生什么灾难吗？只要我在心里这么诘问自己，情绪就会慢慢地稳定下来，也容易把注意力再放回正在说话的先生身上。

就在我写这本书的过程中，有一天我和先生一起在厨房做晚饭，他负责把胡萝卜切成小段，而我则负责在炉子上烧水。当时他一面切着胡萝卜，一面告诉我一位内地朋友在台湾所发生的事。我起先还很专心地听他说话，但看见他说到起劲时，竟把手上切胡萝卜的动作给停了下来。我当时心里十分着急，心里只惦记着炉子上的开水，他说的话却一个字也没有听进去。当时我真的很想对他说："请你赶快把那些胡萝卜切完，锅里的水已经烧开了！"

还好那天晚上我克制了自己，并惊觉到我太专注于我们眼前的任务，而错过了与他一起欢笑和互动的美好时光。我们有在一起生活和做家事的机会，但我却没有乐在其中，反而把它变成另一个焦虑的来源，甚至还险些成为争执的导火索。那天晚上我想通了这个道理以后，转身把炉火关掉，把注意力重新放回他所说的话上，让自己享受这段他愿意和我分享的亲密时光。等他终于把胡萝卜切好之后，我们再一起慢慢地开饭，反正那天晚上我们又不用赶着出门！

温习并感受那些爱的表示。

每对老夫老妻（只要婚龄超过 10 年以上，我就统称为老夫老妻）之间，都有一些示爱的密码或暗号，这些隐而不宣的信号，只有对方才能接收得到，也只有对方才能解开其中隐含的意义。这是老夫老妻之间，经过岁月的磨砺所独自研发出来的信号系统，因此只对此二人有意义，对旁人一概无用。

如果你硬要问我，这些信号都有哪些表现方式和特征呢？我只好借用我父亲母亲之间的信号来做个说明。就拿我母亲来说好了。只要她亲手和面，蒸了白白香香、上面还埋了几颗大红枣的大馒头，清炖一锅极其费事、底下铺满了霜冻大白菜的巨型狮子头，腌制一罐翠绿爽口的萝卜缨咸菜，再从巷口买来一瓶绍兴黄酒，上桌前还先给隔水温热了，我父亲就知道这是他老妻向他示爱和宝贝他的方式，而他也就心领神会美美地接受了！

至于我父亲呢，他每个月按时把薪饷袋原封不动地交给我母亲。发薪水的那周，他总是故意加班一天，好让我母亲可以不用做晚饭，安心地带我们几个小萝卜头去看电影。我母亲虽然仰仗先生的经济收入，但花钱时却从来都不用顾忌我父亲的看法，因为让妻子拥有花钱的自由，是父亲用以表现对妻子的爱的方式。而我母亲直到今天，还在念叨着这一点来怀念她早已逝世的丈夫。

因此，我想说的是，爱的密码或示爱的方式，并不一定需要奢华浪漫的形式，也不一定是甜言蜜语的山盟海誓，它们可以以各种形式来表现，也可以平凡细微到隐藏在生活琐事之间。但不管方法或形式如何，它们所散发出来的热度和强度，都足以温暖接收者的心房，并因此而有幸福快乐的理由。

所以，面对重回二人世界，我们要做的，不是去追求那些新奇的东西，或重新建立一套新的相处方法，我们要做的，是安静地回忆过往生活中暖心的点滴时刻，然后让这些暖心的点滴时刻重新鲜活，并以更大的强度、更频繁的频率、更诚挚的爱心表现出来。

彼此都拥有个人的时间和空间。

虽然我在前文中一直强调二人世界和享受两个人的独处时光，但那并不表示一旦孩子长大了，为了避免寂寞孤独，我们就要天天绑在一起。事实上，我一直鼓励身边的中年女性朋友们要学会给自己和给先生一些个人的时间和空间。因为面临空巢期时，出于天性，也出于情绪空洞的需要，我们会像在茫茫大海中溺水的人那样，死命地抓着身边可以抓到的任何东西，让这个东西帮助我们不至于被大海淹没，也帮助我们拥有存在的感受和安全感。

但是我们忽略了的是，我们过于用力、过于紧迫地死命抓住，很可能造成被我们抓住的那个人因而无法换气呼吸，或让他无法正常地摆动手臂，或因为背负了太重的身体而跟着往水里沉。结果，这个被我们牢牢抓住的人只能做出选择，要不因为太爱我们或已无力挣扎，而跟着我们一起沉溺；要不就出于求生本能，把我们的手用力甩开，自己游向海岸。

我不知道你们看过俄罗斯大文豪托尔斯泰生命中最后几年的故事没有？他此生唯一的挚爱苏菲亚，连他去世时的最后一面都不得见到，只能透过乡间小火车站站长室的模糊玻璃窗，看着爱人的双脚逐渐地失去温度，直至完全冰冷。

当然，晚年时期的苏菲亚和托尔斯泰之间大山大海般的隔阂，肇因于对财富名声价值观的迥异，但苏菲亚对托尔斯泰犹如秃鹰般的行动钳制和情感需索，也是大文豪需要心灵自由的致命毒药。尽管托尔斯泰爱她尤胜于自己的生命，也畏她更胜于畏惧森林里的猛兽，但最终，托尔斯泰还是选择奋力地甩开她的双手，趁着寒冷的黑夜离家远去，只因为再温热的爱人胸膛，也抵不过在冰冷的异乡里呼吸着自由的空气。

因此，我给我自己的约定是：花一些时间和心力独自去做自己喜欢的事；花一些时间和心力去维系几个知心的女朋友，花一些时间和心力去美容院照顾自己的健康和美丽；然后，花较多的时间和他以及我爱的家人在一起。

第六个阶段　爆炸

退休、赋闲在家、健康危机、父母生病或死亡……步入老年以后，在人生责任的末期，这些爆炸危机会无可避免地一波一波接踵而至，成为第二个反抗期。不过，对于已拥有生命岁月的长者来说，一方面有婚姻的前几个阶段所打下的坚实基础，另一方面有来自生命所历练而得的智慧，如果再加上懂得怡情养神和健康养生之道，那么，安然度过这个有爆发为危机潜质的爆炸阶段，其实并不是一件太困难的事。

第七个阶段　完成

经过数十年的相处，婚姻的幸福感更饱满，因为彼此之间的多年相知，两人现在除了伴侣之外，更意含了心灵伙伴的深层意义。如果能相持到老，此时是圆满爱情最大的收获和回馈。

在“婚姻”这个章节的最后，我想提供另一份真实的调查结果。这份调查与我在这个章节一开头的那个微调查互相呼应，但样本包含了东西方各个国家和民族、平均年龄在45岁左右的男士。我的问题是：“什么样的女人最吸引你？”依照得分顺序，答案分别是：

①幽默感；②独立和有自己的爱好；③和我有相同的价值观。

我想特别指出的是，在这份匿名问卷调查中（从英国网站发出的调查，以中英文对照），这些45岁左右的男人（包含中国的男人），对“身材性感”“面容姣好”“穿着时尚”这几项的兴趣都不高，得分数都低得可怜！

第四章

角色觉醒，优先顺序排列……
40+ 女人的事业与生涯规划

有一次，我参加了一个由某个高端女企业家协会所主办的正式晚餐会。与会的女士们泰半都是在各行各业已经拥有杰出成就的专业人士，而且年龄都在 40 岁左右。当天晚上，主办单位对会场的布置非常用心，不论是会场内蜜桃色主色调的选择，还是缓缓轻柔的钢琴背景音乐和甜蜜馥郁的白麝香香气，都美好地将餐会的空间氛围晕染得非常女性化，温馨宜人。而这些白天在办公室里几乎可以用“呼风唤雨”来形容的女强人们，也都为了这场餐会而精心打扮了自己。

可是，有趣的是，这些穿着表现都十分优雅高贵、举手投足也进退有节的优秀女人们，却让我强烈地觉察到，在那么温馨的空间氛围中，在那么欢快的觥筹交错间，却涌动着的确且明显的较量情绪。尤其最让我印象深刻的是，当司仪邀请某位已跻身国际的知名女企业家上台讲话时，她所经之处，所有女人都控制不住地把目光挪移，往她身上上下打量了一番。（当然也包括我的目光在内！）

那晚的餐叙氛围也让我想起了一个真实的故事：有两位已跻身 40⁺、年龄差距不大，学历经历大致相当，能力也约莫相同，职位只差了一个级别的女人，在公司里相安无事地共事了几年。有直接上下从属关系的她们，虽然背地里对彼此都有些“既生瑜何生亮”的微言，却也识大体地一直维持着表面的和气。一直到有一天，这个原本基础就有些勉强和不甚牢固的和谐关系，被一次公司年末的大型晚会活动给彻底地弄倾斜了。

原因是在那天的大型晚会上，面容白净姣好、双腿修长，年龄只稍轻了1岁多的女下属，穿了身让自己原来就凹凸有致的魔鬼身材曲线更形毕露的超短裙贴身小礼服，因而成为当晚会场中最明艳动人、最攫获眼球，也让最多男士的目光无法挪移的一号女主角。而那位相貌身材也堪称秀丽的女上司，却遗憾地选错了行头，因而在款式和颜色都不合宜的礼服拖累下，大意失荆州地成为当晚几乎被人忽略、黯然失色的女配角。

这个也许对某些人来说并不意味着重大挫折的事件，却成为打破她们之间表象平衡的最后一根稻草。在那晚“功高震主”的光芒尽显之后，这位因自己的美丽（或轻忽），而蒙受了非战之罪的女下属，在公司就开始遭遇了来自争强好胜的女领导这样那样的困阻，有好长一段时间，她不仅看不到领导的好脸色，工作上也总是莫名其妙地被刻意挤对。好在这两位毕竟都是受过高等教育且见过世面的优秀女人，在事过境迁之后，懂得如何用智慧去化解对工作不利的情绪。但是，当然，她们是无论如何也不可能成为工作之外的好朋友的。

我举这个例子的原因，倒不是想在这里议论这个事件中两位女主角的孰是和孰非。我的目的，只是想利用这个并不算鲜见的故事，来指出一个事实，那就是女人在到了一定的年龄——例如心理敏感的40岁，和拥有一定的工作成就与社会地位之后，很多时候，原本是豁达潇洒的女中豪杰，会突然变得容易被一些莫名其妙的小事所激怒，而这些会激怒她，能刺激她软肋，让她心理纠结的小事，如果被摊开在阳光底下，都会让这些自许为能擎得起半边天的女性们，觉得不可思议和哑然失笑。

因此，作为在职场中已翻滚多年的成熟女性，我们得意识到自己心理情绪的微妙变化，不让人拿它作为制约我们工作表现的由头（如果我们知道那些新进公司的年轻小孩和男性同事们，如何在我们背后用几近嘲讽的语气议论："唉！没办法，更年期的女人！"我们就无论如何也要控制它）。此外，为了我们自己的身心健康，我们也要学会觉察自己的情绪变化，好在它暗自酝酿至泛滥决堤之前，做好疏浚的工程。

对于熟女们这种"不成熟"的情绪心理表现，研究社会心理学的专家们把它归因于我也十分认同的"因性别角色扮演的长期错置，而产生的情绪反扑"。专家们认为，从人类发展的历史角度来看，专业世界里的处世规则，向来是以男性世界的文化特征为依归，而在男性专业世界里行走的专业女性所奋力争取的角色，基本上也是男性所早已塑造好了的。因此，为了在男性专业世界里取得成功，专业女性必须勉力要求自己，穿上原本并不属于我们原始性别角色的思维模式和行为模式的外衣，在女性认同和专业认同之间，互相抗衡和角力。

当年轻女性初入专业世界，一方面由于年龄的危机感并不迫切，另一方面也由于强烈成就动机的驱使，会暂时压抑原始角色的外在表现，也无暇顾及原始角色的内在情绪需求。可是，当经过多年拼搏，已拥有一定成就的专业女性在这种长期的角色扮演制约之下，一旦达到当初所设想的目标，并因此敢于放松紧紧裹在身上的外衣之后，那些一直没有被满足，或被实现的原始角色的情绪和欲求，就会浮出水面排山倒海地扑面而来。

我很喜欢看的一部美剧《私人诊所》（*Private Practice*）里的女主角

阿狄森·福布斯·蒙特马利（Addison Forbes Montgomery）医生，就是个典型的例子。她是位出身名门、名闻全美的新生儿外科医生，拥有学历经历都很显赫的专业知名度和仍然漂亮的身材外形。可是由于年轻时的疏忽与自恃，她在进入40岁之后，依然还是个没有婚姻和孩子的成功专业人士。

在第五季剧情中，已然过了自然生育年龄的阿狄森，开始强烈地想要成为一个母亲。尽管她挚爱的，也身为优秀心脏外科医生的同居男友，不愿意成为孩子的父亲，也不考虑提供精子，但阿狄森依然选择接受荷尔蒙治疗法，情愿承受每天注射雌激素给身心带来的不适，坚决地希望成为一个母亲。我很为这部连续剧里的一幕场景所感动。那是人工受孕医生为了取出卵子而将阿狄森麻醉，而当她从麻醉中悠悠醒转时，在病床上流着眼泪、虚弱地让男友握着她的手，轻声地说：我不知道为什么会把自己弄成今天这个样子，我错过了许多原本可以做更多事、可以更美好的机会……

当然，阿狄森想要孩子的愿望，只代表她个人的意愿，并不是每个年届40事业成功、但没有婚姻和孩子的女人，都一定有和她一样的想法和失落。但我们却也不得不承认，对大部分的女性来说，女性认同和专业认同之间的冲突与抗衡，就像是在用四条腿一起往前走路——两条腿的行进步伐要符合专业世界中的行为模式，另两条腿则是拖着社会文化的包袱。而这些社会文化的包袱则是来自同性长辈的言传身教，小时候读的王子与公主的童话故事，浪漫的电视电影小说，社会舆论，以及真实的内在声音。

此外，这二者之间的冲突和抗衡，虽然并非与生俱来，也没有任何人为的明文规定，但它在女性的心里却是根深蒂固的。而且这个冲突存在于各个社会文化之中，是两性之间成文和不成文的契约。在这份源自性别文化并造成男女分工的契约里，早已在两性的意识和潜意识里，注明了在爱情和家庭关系中，因为职责和行为规范的需要，谁要为谁付出什么，谁又要为谁承担什么。例如，如果爱一个女人，你就要……如果是个好母亲，你就该……如果是个幸福的女人，你就会有……

所以，根据这些约定俗成的契约，也根据个人主动意愿和被动机缘的选择（身为女人，我们得据实坦陈，做选择时，主观意愿通常占有主导地位，并且往往要比客观的机缘强烈得多），社会学在描述一位 40⁺ 女性的事业状况时，大概会用到下列几个符号：事业型女性，双生涯女性（也就是既是妈妈，也是职业女性），重返职场（我个人不喜欢用“二度就业”这个词，对我来说，它听起来有点“气短”的感觉；我喜欢说“重返职场”，这个词听起来就积极霸气多了）。但不管此刻你身上挂着的是哪一个符号，40⁺ 女性都会伴随着下面三个特质：更多的知识，更好的成熟度，以及仍然充沛的精力。

现在，我们就来看看对身处这三种工作情境的 40⁺ 女性的大致描绘，和一些可能有用的建议。

“事业型女性”

她也许已婚，也许还未婚；也许有孩子，也许不打算要孩子。但对她来说，事业一直是排序第一的选择，而且最大的成就感也来自于此。40⁺

时，她已经在这个需要高度警觉的战场上奋斗了两个十年，所以已经积累了足够的专业经验，并因此跻身公司的高管阶层。结合了知识、经验和人脉的她，仍然拥有旺盛的精力和企图心，并且，最重要的是，她知道如何在公司这个金字塔的组织结构里继续往上爬升的秘诀。

对事业型女性来说，这个阶段的薪水通常已经达到高峰，而且在退休之前可以继续赚更多的钱。但更多的薪水不一定意味着更有钱。因为相较于更舒适的生活水平开支，薪水的上扬幅度有时不一定完全跟得上需求，而且出于对自己努力辛勤工作的回报，或出于填补某些不太确定的情绪空白，事业型女性认为“能自由地支配金钱”，是自己应该享受的权利，也是证明自己当年做了正确选择的证据。

不过，吊诡的是，更高的薪水，也许也意味着某个危机的开始。因为“昂贵”，所以如果还没有坐上不易被撼动的管理阶层位置，或拥有绝对专业的能力优势，40+ 专业女性就容易成为公司政治中被牺牲的目标，或被年轻的、比较“便宜”的、更听话的（也就是没有前更年期或更年期症候群）的后进所取代。因此，如何让自己成为公司不愿冒险失去的人才，是拥有这个符号的 40+ 事业型女性所面临的功课。

我曾经在一本描写上世纪50年代刚刚得到就业平等机会的新女性们，如何在从前只属于男性的职场上所遇到的喜乐与哀愁的小说里，看到显然曾经身临其境的女作者，用文字生动地描述了这么一幕场景：一位从专业学校毕业，有着一头美丽金发却刻意把它们剪短拉直，但婀娜的身材却无法用职业套装来掩饰，在华尔街证券公司里担任证券交易员的女职员，某天穿着一袭面料讲究、剪裁合身的礼服，盛装出席公司所举办的年终圣诞节晚会。她的直属顶头上司，一位总是穿深蓝色暗纹三件套西装、皮鞋擦得锃亮、神情倨傲、性格小气紧张的中年男士，看见她身着华服走进舞池，于是走上前去，轻佻刻薄地对她说：“我们给你的薪水，应该是付不起这身昂贵的衣服的！”这位勇敢聪明的女交易员，不急不缓地扬起下巴，对他嫣然一笑，回答道：“是的，现在是付不起，但在不久的将来，就付得起了！”

这幕让女人们读来都会拍手叫好的场景，看起来好像只会发生在女性刚刚成功争取到职场机遇的那个年代，似乎和身处现代职场的女性不太相关。但事实上，即便到了21世纪、女性已然攻城略地了60多个年头的今天，如果你问问在职场里，尤其是已攀爬翻滚了多年，位阶中高层的女性，她们很可能仍然有一肚子的心酸故事向你倾诉。

而且，毋庸讳言的是，在一个高度竞争、讲求效率的工作场所，很多时候，女性所面临的问题并不都来自她们自己，而是来自环境的强制力。这是一个两性都有可能面临的问题，只是女性需要克服性别上种种压抑的地方会更多。例如，如果你处事果决明快，别人会回敬你“女强人”这个有些寓意贬抑的称号；可如果你表现得温柔善良，别人又可能会以此作为把你逼到墙角的软肋。

但是，可喜的是，不论如何，经过了几十年来前辈们前赴后继的努力，现代职场中女性以真才实学为自己挣得一席之地和赢得尊敬的成功典范越来越多，而男人对女同事们的敬佩，也不得不越来越真实。所以，对这些已可谓身经百战的事业型中年女性来说，如何在公司的政治生态环境中和组织结构里继续保持已取得的成就，或升至更高的位置，应该是不需要我们太过操心的部分。再说，坊间书店里也已经有很多和“职场成功学”有关的书籍可供参考。

因此我在这里唯一要提醒的，只是希望事业型女性在专心攀爬事业的崇山峻岭时，一定要强迫自己在某几个垭口停歇一会儿，用心给自己创造一些结识真心好友的机会。因为在专业世界里，男人如果失败了，会得到来自亲朋好友比较多的同情和支持；而女性如果失败了，则会得到更多掺杂着不管来自男性或女性，错综复杂情绪的落井下石！

除了这点之外，针对如何面对我在前文中所描述的，事业型 40^+ 女性在经历了一定年头的职场拼搏后，对女性原始角色需求的“觉醒”，也是我很关心并愿意着墨的部分。

给 40^+“事业型”女性们的一些建议

在我周围所认识的许多事业型成功女性中，很多人在一过40岁以后，或甚至40岁之前，就已经意识到光凭事业成就并不能满足个人。但事业型男人，却往往要等到届龄退休时才发现问题的严重。这是因为女人和男人的生命周期不同，女人在40岁左右便面临了生育的最后期限，而男人在50岁以后还可以轻松地成家。所以女人通常要比男人至少提前了10年或20年，就开始有了对生命意义的“觉悟”。

那么，当事业型女性开始意识到生命中或大或小、或轻或重的“若有所缺”时，该怎么办呢？

对自己坦陈这个“若有所缺”的感受。

请留意，我所说的是“对自己坦陈”，而不是让你去昭告天下。当然，如果我们愿意和知己好友或家人倾诉，也是好的，因为它必定能帮助我们宣泄掉这些不能算是愉快的情绪。

不过，对大部分好强好胜的事业型女性来说，坦陈自己的情绪，尤其是“若有所缺”的情绪，就意味着失败，也意味着自己当初对生涯选择的错误。因此，即便不对他人表露，对自己承认也是一件难以面对和难以接受的事。此外，合理化自己的作为，是人类求生的本能机制。为了减轻疼痛，我们会自我麻醉，告诉自己其实它并不痛，或别人选择后的遭遇比自己更痛。但是这种自我麻醉，只能解决或欺骗得了一时的情绪，却不能填满实质上确实虚空的器皿。

而如果我们一直不愿意去坦陈这个虚空的实质存在，就会启动本能中另一个求生的机制，那就是关闭掉“可以接收情绪的感应器”，好让它不再干扰和刺痛我们。而一旦这个感应器被关掉了以后，我们不仅不会再真心地开怀大笑，或伤心地号啕大哭，还会把本来打算寻找填补虚空的动机和意愿给隐蔽起来，挡在了门外。我还记得一位因年轻时过于专心忙碌事业，而遗憾地失去了许多情感欢乐的中老年女企业家，这么告诉我：“当我终于忙完了，抬起头来时，才发现四下已经无人和我一起享受这些成果。”

因此，如果当下你已经主动或被动地选择成为了一位事业型女性，这很好，不用为你的选择感到焦虑、遗憾或抱歉。你只要在偶尔感到若有所缺或其他类似形式的情绪来袭时，勇敢而负责任地认知它，并对自己坦陈这种情绪，然后，进行下一个步骤。

重新拾回你的女性认同。

我所谓的女性认同，不是指事业型女性必须赶紧结婚或立刻辞职回家生孩子，而是要在专业认同之外，允许并练习，让那些曾经“女性化”的特质被重新调动出来。例如，如果你已在婚姻中，那么就勇敢地对丈夫或孩子承认你的阶段任务已经完成，现在你更享受和他们在一起的时光，请他们帮助你重新找回那些看起来已经有些生疏的相处方法，并请他们明白地告诉你他们对你的要求。不用害怕，真心而诚恳地承认你需要帮助，承认你更享受爱情或亲情，并不会减损你的骄傲或自尊，只会让他们因失而复得而更加爱你。

除了承认女性原始的角色需求之外，还可以发挥你的女性特质优势，例如对新人伸出温暖的双手，对值得提携的后进表达你的欣赏，对伤心失落的同事打开拥抱他（她）的双臂，同时敢于把自己脆弱的一面表现出来，敢于对别人展示你的性感和温柔，敢于用女性的思维角度来处理和分析事情，敢于承认你那些很女性化的爱好，等等，这些都是把男性认同和自卫的面具卸下来的方法。总之，不用害怕，反正你现在已经过了职场新人必须武装自己的阶段，偶尔做个“小女人”是绝对不会减损你的威信的。而且，现在管理学都崇尚“柔性管理”的力量，所以更是戴着男儿头套从军征战的花木兰们“还我女儿身”的最好时机。

而且，请相信我，一个拥有专业权威、职场历练和事业高度的40+女人，如果在言谈举止间还时不时地表现出温柔女子的款款柔情，那么她的性感指数之高和杀伤力的劲道之强，就不用我在这儿多说了。

乐在当下。

根据我过往在医院担任心理治疗师时的经验，以及从我现在生活中所遇到的女性朋友们的真实情况来看，我发现那些因专注于事业成就而主动选择单身或选择不要孩子的女性们，其实并没有外人想象的那样寂寞和慌张。大部分的她们，安于自己的选择，也乐于从事业中得到快乐的养分。她们在认真工作的闲暇之余，有的积极投身于公益，有的醉心于到世界各地旅行，她们并不因为生命中缺少了一片拼图，就自怜自艾，她们只是用不同于大多数女人的另一块拼图，给积极地替换了上去。

我就有一位从大学毕业后就相知相惜数十年的好朋友。我们认识的原因是她在报社工作，而我给她负责的版面写文章。由于工作态度认真，又写得一手好文章，她在进入报社短短的几年之内，就被总编辑提升为该版的主编。自此，她更是努力工作以为回报，并常常在有家室的同事因家有急事而必须请假时，义不容辞地加班为人帮忙。于是，几年后，她又被拔擢外派海外，外派的足迹遍布地球几大洲。

在她被派往海外担任特派员期间，曾先后遇见过两个合适的男人，但在更深入的交往之后，发现这两个男人都无法接受她有可能又要被派往他国的可能性。于是，两次情况都相同，她在权衡得失之后，选择了热爱并此生不渝的新闻事业，而不是那个“有可能”将来会伤了她的心的男人。如今，早已进入知天命年岁的她，在30多年的新闻从业生涯中，近身体验了世界上许多伟大事件发生的时刻，也目睹了地球上许多重大灾难发生后人类的苦难和满目疮痍。她虽然没有像平凡的我一样，享受到小家的爱，但胸中却满溢着对地球和人类的大爱。因此，每次我们见面时，都会为对方此刻所拥有的幸福而快慰并欣羡不已。

所以，选择专注事业而放弃其他，并不必然会让一个女人痛苦。会让女人痛苦的是，既想拥有，又不愿放弃的上上下下。例如，既醉心于事业的成就，又自怜自己的孤独；既想拥有家庭和孩子，又抱怨孩子让自已没法专注于工作。这种又想两手抓满，可又明明无法抓牢的辛苦，才是“伪”事业型女性最难以承受的心灵之重。

因此，如果你已做出了选择，就请安于当下的结果。如果你想改变，就请拿出行为，勇敢地做出改变。说到底，每个人手上所掌握的那副生命之牌，只有自己才能高声叫牌；也只有自己在出了牌之后，才知道这手牌赌注的大小和是不是赌得起它。不过，幸运的是，老天爷总是慈爱厚道地给了我们不止一次重新洗牌的机会。至于要不要抓住这些机会，那就完全要看我们自己的意愿了！

“双生涯女性”

这大概是属于40⁺女人里最大的族群：既有家庭孩子，又有事业工作，成天忙得焦头烂额，既奢望两头都能做到完美平衡，又觉得两头都没能做好的女人。过去的十几年里，她每天都怀着或大或小的负罪感，嘴里嚷嚷着希望能辞去工作，在家好好地陪伴孩子成长，可如果真要她辞掉工作做个全职妈妈，她又心有未甘。因此在我行走江湖到各处演讲时，只要遇到和女性生涯有关的主题，我就绝对绝对会被问到这样一个问题：“我们该如何平衡家庭和事业？”

以下几点就是我给“双生涯女性”的建议：

设定“眼下”诸多事务的优先顺序。

哪一件事，或哪一个目标是“眼下”最重要的？请注意，我用了“眼下”这个关键词。

根据我个人已然度过了30年以上，目前仍然在进行中的双生涯经验来看，这个优先顺序和“当下的情况”有绝对的相关。例如，孩子上幼儿园时，孩子上中学以后，孩子准备考大学前，甚至孩子有了工作以后……在这些不同的当下情境中，孩子所需要妈妈投入的时间和心力的程度和强度，是截然不同的，因此中间那个支撑天平两端的支点该摆放的位置自然也大不相同。所以我们必须隔一大段时间就要审视一遍当下的情境，并随之调整支点的位置，而不是把支点放在一个位置之后，就让它一待好几年而不去挪动它。

我相信大部分的双生涯妈妈们早就明白了这个道理，也“误以为”自己一直是这么做的，其实不然。我身边就有一个典型的“知易行难”的妈妈。她在女儿上大学之前，心里就只有两件事：单位里的工作和女儿的吃喝拉撒。她的生活重心就只围绕着这两个主体打转，而“好好完成单位的工作”的目的，还是为了满足能提供女儿吃喝拉撒的更好需求。

乖巧的女儿考上大学到外地读书以后，不需要再钉着女儿做作业和伺候吃喝拉撒的她，一下子清闲了下来，老伴也以为，老妻在卸下了这一重大的担子之后，好歹也该匀一点注意力给他了吧！不然，尽管女儿离着她在八百里远的城市里享受着自由的乐趣，她还是每天牵肠挂肚地为早已拥有自立能力的女儿，像遥控器般操着这样那样应该或不应该的心。等到女儿毕了业回到北京找到了一份很体面的工作以后，老伴就想：这下子你总该管管我了吧！不然，我几乎每天都听见她在电话里“叹着气”地回答女儿的问题：那件紫色的毛衣在五屉柜的第三层抽屉里，那双亮皮的靴子在门后鞋柜上的大盒子里，那个粉红色的资料夹我给你收到了书桌下面的资料柜里……

有一天我实在是听不下去了，于是用很严肃的态度问她：第一，你老公精神状态还行吗？被你逼疯了没？或是在你这么忽略他的情况下，在外头找人了没？第二，冷静地想想看，你这么大事小事都管，都帮女儿做好了，是因为她有需要，还是因为你有需要？

许多双生涯妈妈会成天把“为了这个家、为了孩子，忙得我焦头烂额”这些话挂在嘴边，可是却忽略了已经长大的孩子，其实早就已经完全不再需要妈妈每天跟在身后把屎把尿或嘘寒问暖了。长大的孩子所需要的，是个自己也有生活成就和嗜好乐趣的妈妈，她能在每天晚上的饭桌上，和已经拥有独立思考能力的孩子，一同分享她一天中所经历的事情以及她的喜怒哀乐。对他们来说，这才是40+妈咪所能带给他们的心灵养分和最好的呵护。

我自己在亲身辅导高中学生的工作经验中，最常听见他们抱怨的烦恼之一，就是他们怕透了妈妈总是唠叨着“妈妈为了你这样”“妈妈为了你那样”“妈妈这么做都是为了你”这些话。这对还没有成熟到能完全理解世事的孩子来说，是个当下生命中不可承受、也承受不起的沉重负担，既压得他们喘不过气来，也重得让他们觉得自己是个背负着罪恶感、没法给父母增光添彩的无用之人。

因此，对蜡烛两头烧的双生涯女性来说，一定要学会在每几年或孩子的每个成长阶段过程中，检视并调校自己在家庭孩子和个人事业（或个人生活）这天平两端所摆放的支点的位置。“与时俱进”“切合时宜”，才是聪明的双生涯女性们该去用心思考的事。

所幸，随着科技的进步和不断攀升的时间和物力的通勤成本，如今越来越多用人单位已具有共识，开始调整上班策略，让员工，尤其是有孩子需要照顾的双生涯妈妈们，一周能有 1 ~ 2 天在家办公，或者是启用外包制度，把需要专业技能、又不需要坐班的工作，发包出去论件计酬，因此给双生涯妈妈们创造了更好、更有弹性的工作条件和机会。

在“不牺牲自己”的大原则之下，根据优先顺序来安排自己的时间和精力。

第二个步骤的关键词，就是“不牺牲自己”这个大原则。

你可能会说，怎么可能会不牺牲自己呢？如果真要不牺牲自己，那我就应该像那些没有孩子或没有结婚的女人一样，该加班的时候加班，需要出差的时候出差，想旅游的时候就去旅游，完全以个人的事为优先考虑，这才叫作不牺牲自己呀？！

是的，如果你真这么反问我，我就会说：如果你已经根据眼下的情况，决定将“个人的事业发展”放在优先顺序中的首要位置，那就请心无挂碍、义无反顾地去实行它。因为我完全知道很多家庭的实际情况是，女主人所贡献出的薪水收入是支撑整个家的主要或大部分的经济来源，那么囿于现实情况的需要，除了更专注于工作之外，确实也别无他法。

另外，我们再退一步来说，如果妈妈的工作收入并不是那么攸关家庭经济来源的大局，但是妈妈会因为拥有工作成就而满足快乐，那么把妈妈的事业排在优先顺序的第一位，也是好的呀！我们当然希望有个忙碌于事业，但心灵富足快乐的妈妈，而不希望有个不得不待在家里，但却沮丧郁闷的妈妈！

因此，我想要表达的重点是，如果你经过深思熟虑，仔细地衡量了眼下的情势，并据此做出了优先顺序的选择后，就请为自己的选择负完全的责任。你选择将更多的时间精力专注于自己的事业？没问题！请勇敢坚定地往前迈进，不需要因为这个选择而有罪恶感。你选择把个人的成就放在较低的位置？可以！但请不要因此而把“都是为了这个家”埋在心里发酵或挂在嘴边唠叨，免得落得个既吃了力又不讨好，既赔了夫人又折兵的结果。

所以，我的态度是，天平支点的摆放，无关牺牲与否，纯粹只和自己的选择有关。因为，请相信我，这么想，日子会简单好过得多！

再次确认，这个排序是否符合自己最高、最核心、最终的“价值观”。

有的女人认定自己的成就来自孩子，有的女人认定它来自完满的婚姻，有的女人认定它来自个人的事业成就。这些价值认定，没有优劣对错，只有个人的真实感受。所以不要为“做了正确的选择”而选择，要为“自己想要的选择”而选择。否则，即便做了选择，也会很难在内心真实地说服自己，变成难以持续，或实行起来怨东怨西，这样反而丧失了原意，还弄得身边的人都不好受。

在我即将迈入40岁的那几年，曾经有过几次很好的工作机会，不仅给的待遇条件好，也能让我充分发挥自己的长项。但遗憾的是，在这几个很好的工作机会中，有的必须常常离家很长一段时间，出差到海外工作；有的和我们夫妻俩的价值观认定有明显的冲突。因此每次我在仔细地思考过后，最后都决定放弃。而影响我做决定的因素，只是来自我和先生都笃信并坚守的价值观：“婚姻和家庭是最重要的，任何会与它相抵触或危及它安全的因素，都必须排除。”

因此，我依据这个价值观大原则做出了对自己生涯规划的决定，并为这个决定承担责任。这就是为什么每次有年轻女孩问我“如何能像您这样，既拥有成功的事业，又同时能拥有幸福的家庭”的秘诀时，我都会哈哈大笑，但诚恳地说：孩子，你别忘了我已经有多大年纪了。按照我的学历、经历和能力，我要不是做了更重视婚姻和家庭的选择，我可能至少在 10 年前就已经拥有现在的事业成就了！

还要确认，这个排序是否符合“现实”。

但凡有些生命经历的人都能理解，生命的为难之处，就在于它很多时候难以两全或完满。我坚信，大部分的女人在有了孩子之后，出于母亲对孩子无尽的爱，都希望自己以孩子、以家庭为重，无不希望拥有一份不太繁重的工作，既可兼顾家庭，又可兼顾事业。但有时生命的剧码往往事与愿违，例如，出于家庭经济的迫切需求，妈妈确实需要把更多的精力放在不能冒险失去的工作上，这时，即使我们的价值观和它相左，也要为客观的现实考量做出“妥协”，好在顾全大局的前提下，为自己的人生，规划一条比较曲折的路径。

我曾经在一所全国排名前五名的重点高校里，对着好几百位应届毕业生演讲。当时主办单位给我的演讲主题是“抓住机会”。但我在上台之前和主办单位沟通，请他们允许我改变一下当天演讲的题目。我说，我希望对这些优秀的孩子们说说“允许迂回”，希望给这些从小到大几乎无往不利的孩子们打一剂预防针，让他们知道，生命的行进路径很多时候是迂回的，我们因此得学会去理解、容忍并接受它。

结果那天晚上，我给这些至今也许从来没有尝试过失败的孩子们讲了这堂《允许自己用迂回的路径迈向成功》的课。

我告诉他们，一旦踏出校门，进入更复杂、变数更多、更难以掌控的社会以后，你会发现，很多时候前往目标的路径是曲折的。例如，眼前有两份工作等着你，一份工作是你的兴趣、是你喜欢的；另一份工作待遇好得多，但不是你喜欢的。这时，你就要很现实地去考量诸多因素，例如，家里是不是需要你赚的钱来帮补家用？你的兴趣是不是能带来更好的未来？你的选择是不是符合全家人共同的利益？

也许对大部分幸运的孩子来说，符合自己的兴趣是最重要的，爱他的父母通常也会支持这个决定。但对某些路径不同的孩子来说，家庭的责任是迫切的，是不能等待的，如果这个时候，我们还一直不断地提醒他，兴趣、潜力……这些形而上的高调，就是迫使这可怜的孩子进入自怨自艾的情绪深渊里，他会因此而怨恨自己的命运，怨恨别人的幸福，更可怕的是，他最终会成为苦涩而充满愤怒的人。

所以，那天晚上，我站在宽阔宏伟的讲台上，尽量用温柔的语气告诉这些对未来既憧憬又彷徨的尖子生，有时必须允许自己迈向成功的路是迂回的。而且，大部分的时候，人生的成就不是以每天、每月、每年来计算，而往往是以每个10年或甚至每个20年来丈量的。

我还举了我个人的例子来更深入地说明这个迂回。我从学校毕业以后，顺利地考进了医院的心理科，从事我所学的专业。12年后，我儿子要准备上小学了，我和先生开始考虑孩子的教育问题，并希望给他比较具有国际视野的教育环境。我们考虑离开公职，投入当下比较能赚钱，也是他家族中有人已从事，并发展得很好的化妆品贸易事业。

对于我这么一个喜欢舞文弄墨、自许为清流雅士的人来说，从事外表繁华的化妆品贸易事业，真的是个很艰难的决定。但我还是做了这个决定，并责无旁贷地肩负起销售人员的教育培训工作，甚至还为了能提供更好的服务和营造更专业的品牌形象，远赴巴黎学习彩妆。我必须承认，当时的我并不快乐，但我挺了过来，只因为我完成了自己更在乎的梦想，那就是给孩子更宽广的视野和教育环境。

一直到我儿子上了大学，开始利用课余时间打工赚零用钱，并能预见他未来的安全之后，我和先生这才宽下心来，重新审视我们的事业规划，并选择再次回归到我最热爱的工作路径上来。因此，我现在可以骄傲地说，是的，我是成功的，但我走了一条比有些人更长、更曲折的路，而我也同时深为自己的选择而感到自豪。

根据排序，聪明地规划时间。

太多时候，我在带着一些自认为忙得焦头烂额的 40+ 女人审视一天、一周的行程后，她们都愕然地发现，“瞎忙”，居然名列让自己连轴转的罪魁祸首的前几名。

当然，“瞎忙”确实具有一定的心理疗效，也是正常人偶尔需要的心理调剂。我们需要在忙碌中感受自己的价值，在忙碌中暂时忘却烦恼，甚至在忙碌中，让自己飘忽不定的灵魂被安置在稳妥的位置上。所以，时不时有些不必要的忙碌是好的。但如果它占据的比例太大、出现的次数过于频繁，那就不仅会占用了去做更有产值的事的时间和精力，也会让自己因为一直空转而感到挫折和筋疲力尽。所以，合理而有效地规划自己的时间，就一直是那些教导双生涯女性的书籍里最重要的课题之一。

有关如何有效地管理和运用时间的方法，我也有一些自己实行起来蛮有成效的心得可供参考。

首先是要摒除掉两个坏习惯，也就是有两个“不要”：

第一个是不要因为去讨好别人，而勉强自己去做不想做的事。

我自己就一直有这个问题。和谈得来的好朋友们相处，我向来不是个会去主动张罗聚会的人，可如果朋友张罗了，一旦打来电话，除非我真有更要紧的其他事，否则就很难会直接说“不”。虽然我自己也非常享受和喜欢与闺密们在一起聊天的快乐时光，但有时却真的是不得不放下手边正在做的事去配合她们。

其实我心里很清楚地知道，如果我真对好友们说了今天我没时间参加聚会，她们绝对不会生气或怪我，就像我绝对不会因为她们的无法配合而生气一样。但我就是会常常因为怕别人不开心或为了给别人方便而勉强自己，并给自己带来忙得不可开交的后果。

现在虽然我还是个很在乎别人是否开心，也尽可能去配合的人，但我一直在勉励自己要去做个为捍卫自己的时间而敢于说“不”的人。而在我这么做了之后，也高兴地发现，朋友或家人不仅没有因为我说“不”而生气失望，事实上，他们好像还反而会因为我的“不”，而尽力去调整计划，好配合我的时间安排呢。

第二个是不要染上“女强人并发症”。

就是什么事都要拔尖，什么事都要做到最好，什么事都要亲力亲为，什么事都要面面俱到的坏毛病。我自己呢？其实也有这个坏毛病。这是我曾经常常说的一句话：“等我跟你说清楚，你也都明白怎么做了之后，我自己早就已经做完了！”所以很多事情，我都是一马当先地抢着自己先做完它，既懒得“浪费时间”地跟人慢慢解释，也觉得即使别人做了，也不会做得比我好和让我满意。所以我每天都忙个不停，也累得不行。

现在我年龄比较大了，懂的事情也比较多了，知道如果不把自己这个争强好胜、不相信别人的坏毛病改掉，就只有让自己受累的份儿。而且更气人的是，我们不仅实质上受了累，还落得要背上“不懂得授权”的指责，让别人正好在一旁事不关己地说风凉话！

两个“不要”之后，就是根据下列问句，每天晚上临睡前花几分钟，对自己当天如何运用时间的分析和评鉴：

A. 我对自己每天各项活动的优先顺序是否清晰明了？

- 我要花多少时间，才能着手进行当天最重要的工作？
- 在完成这份工作前，我总共让自己中途被打断多少次？

B. 我是否把握时间，在适当的时候做该做的事？

- 对不是自己分内的事，我如何处置？
- 是否留待自己日后再做？
- 是否授权别人去做？由谁去做？

C. 如何把事情做得更好？

- 速度更快？
- 过程更简化？
- 减少繁文缛节？

◆ 提高成效？

D. 关于中途被打断：

◆ 我最常被什么情况打断工作？

◆ 次数有多频繁？

◆ 中断的时间有多久？

◆ 其重要性如何？

◆ 要再花多久时间才能恢复原状或重回正轨？

◆ 在一天结束时，有多少工作因为被中途打断而无法完成？

对事先可预防的各种紧急情况，我要花多少时间去处理？如果我授权别人去做，我又要花多少时间去交代？

尽量和与你志同道合、思想积极的人成为闺密，好彼此打气，渡过难关。

我们每个人都会告诫自己或规劝别人说：要拥有强大的内在，不要被别人所左右。但其实内心里我们都知道，这句话说起来容易，做起来却很难。请先跟着我来看看下面这两个场景：

有一天，你去参加大学毕业20周年同学会。当天聚会中，有位当年在学校各项表现上都不如你，人也不是特别漂亮出众的女同学，如今成了照片和名字屡屡在财经媒体上出现、一家知名上市公司的高层领导。那天在气氛热烈的会场里，她是全场注意力的焦点，也是能量汇集的中心。你明显地感受到大家对她的阿谀奉承，也不得不注意到她那身面料手工都属一流的名牌时装和耀眼的珠宝配件。这场聚会才刚进行到一半，你就很想逃离现场，因为刺痛你的，不是她那一身闪亮名贵的行头，而是她头顶上的光环，本来可以是你的。

回家的路上，你万分沮丧，心里有种说不上来的酸楚。你知道每个人的人生道路是不一样的，你也知道你所拥有的幸福，她不一定有。但，你就是觉得胸口发闷，心脏部位还隐隐地痛着……

又有一天，你去参加孩子学校的家长会。来参加家长会的妈妈们都和你一样，对孩子在学校的学习和行为表现十分关心，也尽量不缺席孩子的成长过程。你们彼此交换找课外辅导老师的心得，分享哪里的家教比较负责任，互诉被课业压得喘不过气来的孩子的辛苦，痛斥当前教育制度的种种弊端……当老师告诉你，你家孩子这学期的学习成绩更进步了，你家孩子的英语发音很正确标准，你家孩子非常有责任心……你环顾会场，看见每个妈妈的眼睛里满满的都是对孩子的爱和操心，甚至还有些羡慕你的眼神表情涌现其中……

回家的路上，你觉得满心都是幸福和快乐，你觉得自己富足得不得了，你觉得心里洋溢着对孩子的爱，如果这时谁拿什么珠宝首饰来和你交换，你都会不屑一顾。

我相信以上这两种情境会时不时地在双生涯妈妈的生命里交叉出现，让我们五味杂陈，也让我们时而阴雨时而晴。还好，能让我们略感宽慰的是，对任何人来说，生命都不会以一种绝对的形式出现，也不会永远只有一种丈量它的单位，失去和获得之间，往往只有一条十分幼细，甚至模糊不清，只有个人才能去评价它的丝线。所以，如果想要日子过得轻松和坚决一些，那就尽量和“志同道合”的人群待在一起，如此，既能彼此依偎取暖，也能在对方偶有低落或疑惑时，成为拉扶一把的力量。

“重返职场”

我相信，不论男性或女性，重返曾经熟悉，而如今却感到陌生的职场，都需要有些勇气！

因此，当 40+ 女性曾经因为家庭离开职场，如今又因为孩子长大，不再需要妈妈全天的照顾，或因为家庭经济的需要，或因为个人成就动机的需求而再次进入职场后，在一定程度上会面临着许多看不见的挑战。例如，重新寻回离开职场多年后的“手感”，就是其中最大的心理挑战。此外，“降价以求”也可能是许多人要被迫面对的现实。还有，据许多有这方面经历的女性说，只因为离开职场了几年，有的企业老板就会用这种理由一笔勾销曾经的经验和年资，将她直接打入刚毕业的社会新鲜人群体中（事实上，这也就是为什么许多女性重返职场一段时间之后，会走向创业一途，可能就是和再度就业的大不易有关）。

为了写好这段我个人并没有亲身经历，因此不敢说我十分熟悉的再度就业生涯，我翻看了许多和这个主题有关的研究资料，请教了猎头公司、企业人力资源部主管、有相同经验的妈咪，以及上网查阅了很多文章。总结出来了下面这 40+ 女性“重返职场的四大心法”：

要有充分的事前准备和坚定的决心。

很多打算或准备重返职场的妈妈们，花了很多时间和精力在来来去去的矛盾之间。例如孩子会不会没人照顾的罪恶感，老公是不是真的会支持我的担忧，我还能不能适应现在职场竞争环境的恐惧，以及我还有没有工作的能力的不自信，等等。根据我所查阅的来自东西方的统计资料显示，很多中年妈咪花了至少一年的时间来想通这些问题，而在这一年之间，根据专业领域的不同，她的生产力和竞争力又下降了5%～10%。

因此，我们要非常清楚地回答自己几个问题：为什么我要重新开始工作？我想从工作中得到什么？哪一种工作时间表更适合我？我在哪一些事情上可以做较多的妥协？在哪些方面我可以更有弹性？通过回答这些问题，我们就会知道是不是该继续往前走，怎么走，以及往哪个方向走了。

另外，先生的支持和理解，绝对是重返职场的妈咪们必须寻求的支援。对孩子来说，只要他们放学回家时可以看见妈妈，他们是不太关心妈妈白天都做了些什么事的。可是太太的重返职场，意味着先生自此要承担更多的家庭责任。那么，他是不是完全理解了这一点？是不是已经准备好接受这些变化？是不是能提供更多的时间和精力的支持？这些都是二度就业的妈咪们在回到职场之前，必须和先生开诚布公、完全谈清楚的事。我们千万不要在没有充分沟通之前，就认为先生一定会理解我们，然后等到事情变得困难之后，再心力交瘁地去应付新环境和后院的火灾。

寻求协助。

你可以请有此经验的好朋友帮忙，或甚至花钱请职业顾问帮忙，看看如何根据你的情况写一份具有说服力的简历。而在这份简历中，你的专业技能是其中的亮点。此外，也请他们帮助你演练几次面谈的技巧。

对离开职场一段时间的妈咪来说，求职面谈时的自信态度是关键，它对雇主来说如此，对我们自己来说，也是如此（不过，有点小事得悄悄地提醒你：一直在职场里辛勤工作的事业型女性，可能会对你比较挑剔一些，所以你千万得小心应付）。

另外，写简历时，有个技巧需要留意，那就是不要写“编年史”。就是不要像刚从学校毕业的学生那样，把学历按照年份给罗列出来。那样会让你被空白的这几年弄得心虚气短，也让雇主从编年史中，意识到你的“缺点”。你要做的，是把自己的专业能力和经历罗列出来，但忽略年份。而且这些专业经历不一定要全然和领薪水的工作有关。例如，你可以把运用专业能力帮社区筹组经费，帮孩子学校策划活动等经历，写进履历表里。

下面这段话，是我在网上看到的，觉得很受鼓舞，因此很想把它节录于此：

遇见一位已离开职场五年的女生前来面试，年纪略小我几岁，但自信的气息并未因为在家带孩子的那五年而消减几分！曾担任公关公司工作的她说，在家当全职妈妈的这几年内，她一直就把小孩的各项活动，如生日会啦，校外郊游啦，毕业会啦，当公关活动来办，所以她顺应着孩子的成长，把在工作上的专业，运用在孩子的成长里。于是乎，即使再次就业，但坐在我面前的，仍然是位保持在“工作”状态中的女子。

期望值要实际和现实一些，但也不需要自我贬抑。

有位猎头公司的经理用带着不可思议的语气和神情对我说：那些在家辛苦照顾孩子，为家庭做出巨大贡献的妈妈们，在重回职场之后，不可能要求我们为她这些年的牺牲来买单。她得知道，我们不是那些接受她奉献青春的家人，因此也没有义务去照顾她的情绪。

我不知道他的这些感慨从何而来，但相信一定是在受了一些莫名其妙的气之后，所发出的不平之鸣。让我们实事求是地说，对于某些专业，例如发展快速的 IT 业、媒体业、时尚业等，一年的离开，就可能意味着错失了一个有意义的飞跃进程。如果我们还执意地认为，自己曾经辉煌的专业经验，是用人公司必须“绝对”列入薪资或职位的考虑因素的话，那就有可能变成再度进入职场的阻碍。

当然，这么说也并不意味着公司的任用，就是给我们莫大的恩惠，我们除了感恩之外，还不能有太多的要求。事实上，如果老板是个聪明人的话，就应该知道，当拥有专业经验，已懂得生命为何物，又经历了从繁华的职场生涯落入宁静的家庭生活的 40+ 女性，在重返职场之后，会成为公司最忠诚稳定的支柱。因为已心无旁骛的她们，不仅仅更勤奋认真，更懂得职场伦理，处世更豁达圆融之外，还会更珍惜和感恩当下所拥有的幸福。

如果真的没有重返职场的合适机缘，那就试着自己创业。

根据许多国家零售业市场的统计报告，都发现女性在进入中年以后，尤其是 40 岁以后，自行创业的比例会突然攀升。就业市场专家们对这个现象的解释是，女性重返职场所面临的困难度比男性大，可能是造成这个现象的原因之一；而另一个原因是，女性拥有比男性更灵敏的嗅觉和直觉，所以更容易嗅到自行创业的商机。此外，专家们也认为，女人敢于向外界求援，愿意虚心请教别人，所以也比较能得到一些和商机有关的内幕讯息。

我相信除了上述这几点原因之外，网络商店的崛起，专业外包制度的盛行，也是即便可以放心出去工作，但却仍心向孩子的妈妈们，喜欢在家自行创业的原因。

最后，如果我们在上述任何一个选项都行不通的时候，那么，就继续这一项谁也替代不了的伟大工作，成为孩子和先生最好的“幸福生活制造商”。

第五章

不是豺狼，也不是虎豹
40⁺ 女人的更年期智慧

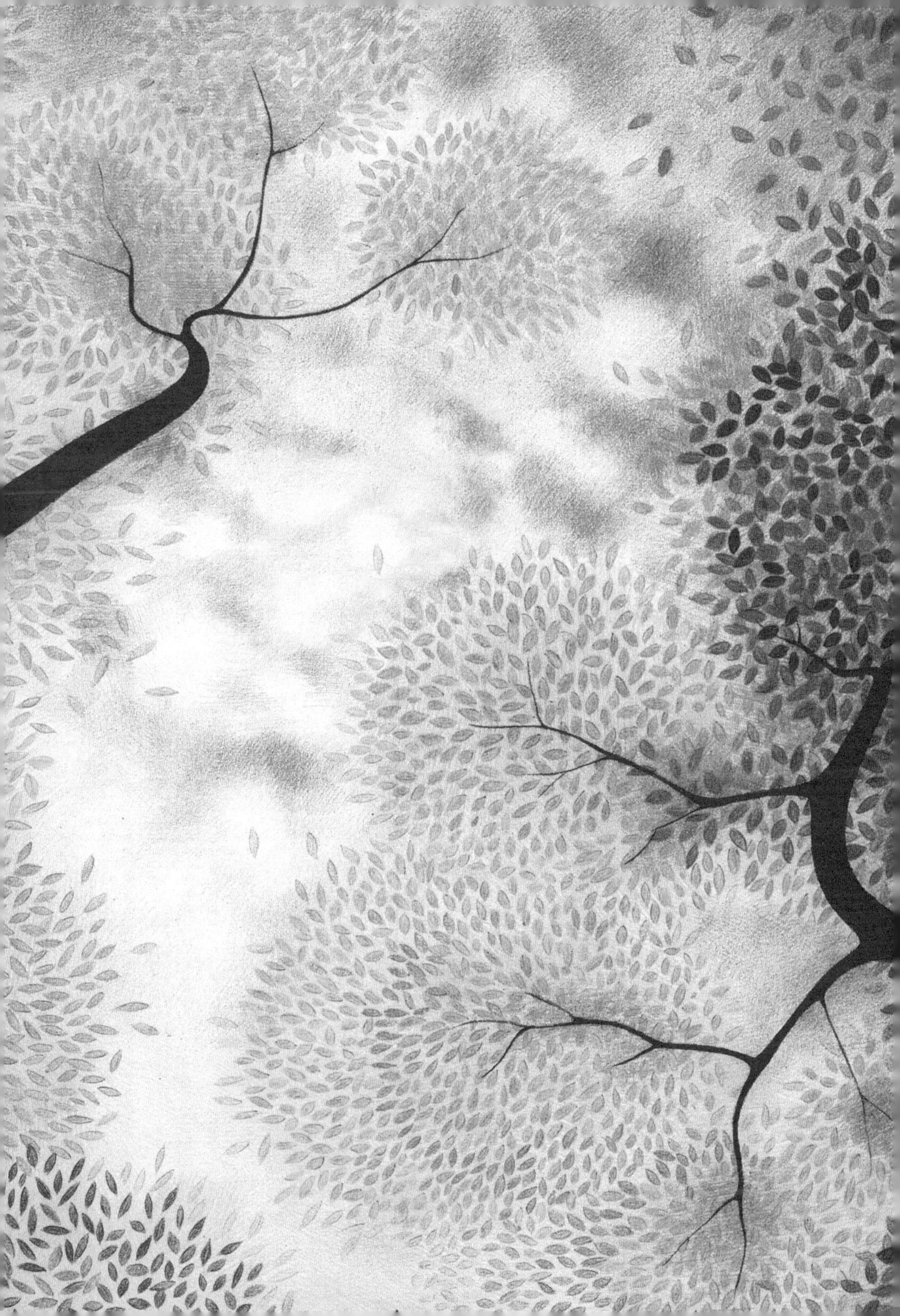

数年前台湾电影金马奖颁奖典礼现场，主演《女人四十》的电影明星萧芳芳，上台领取最佳女主角奖项时，裹在礼服外的披肩突然掉了下来。已 40 多岁却仍然孜孜不倦在校攻读心理学博士学位的她，当着电视直播镜头以及全场观众，幽默机智地调侃自己的这一点“小意外”说：“你看，女人一过了 40，就什么都垮下来了。”

萧芳芳对自己年龄的幽默，当然来自她丰厚的学养和对生命态度的成熟圆融，但我们也不得不承认，能造就如此豁达心态的重要原因之一，也和她对自己健康美丽外表的自信有关。因此，我在关心 40+ 女人爱情、婚姻、事业与生涯规划等心理情绪的面向之余，也一定要关心这个年龄段女性确实需要更加留心的生理健康和外表美丽这两个重要的面向。

我在《心理月刊》杂志的专栏里，曾经写过一篇题目叫《我心目中的不老传奇》的文章，觉得很适合把它摆在这里，和大家一起分享我认为女人在不得不面对生理年龄老化时，应该有的视角和态度。

我心目中的不老传奇

有则笑话曾经在好莱坞老一辈的艺人中流传甚广：“一位已整容拉皮成瘾的女艺人，有天在整形手术台上悠悠转醒后发现，她的肚脐眼居然已经被拉到额头上了！”

这则笑话除了含有很大成分的讥讽戏谑之外，其实也道出了一个当时整形美容的盲点——你可以借由手术刀拉掉过多的皮（也就是已毫无弹性的皱褶），但你无法用手术刀拯救已经松弛的纤维！

当然，时至今日，美容整形技术的发展已经不可能再出现把肚脐眼拉到额头上的笑话，对于皮肤松弛的问题也有了这样那样、吃的喝的注射的胶原蛋白护理方法。而且，拜各大美容护肤品公司的产品推广教育所赐，爱美的女士对保持皮肤弹性的重要性，也有了较为正确和精准的认识。

但是，在这些专业的美容护肤知识背后，我们是不是真正地理解了一个女人之所以能拥有“不老传奇”的核心精神？而这个核心精神既关乎了别人对她的评价，也关乎了她对自己的评价。

我是个绝对对“不老传奇”这档事有发言权的女人。原因之一是，我已年过半百，因此在生理年龄和心理情绪上，对如何让自己维持“不老”，早已产生过强烈的主观渴求；原因之二是，我的职业内容迫使我必须面对诸多“如何让女人更美丽”的问题，因此不得不进行些客观的研究。而根据我的主客观研究结果，却不无沮丧地指向一个事实，那就是“不老传奇”只能存在于梦境，现实生活中几乎不可能发生，除非我们愿意改变对“不老”的定义！

那么，根据我个人的主客观经验，我们能企求的“不老”是什么呢？

呵呵，首先，当然是我们得允许自己总有一天会变老。说个不怕您笑话的秘密。我每次在讲台上对学员们坦承自己的年龄时，都会虚荣地等待台下的一片惊呼声：“哇！看起来一点都不像耶！真年轻！”可是我心里冰雪一样的明白，台下的观众们可以容忍我的外貌比实际年龄轻十好几岁，但却不能容忍我的外貌比实际年龄轻二十好几岁！因为这违反自然界的生理规律，也违反人性。因此，“她一定整容过”，绝对会是台下舆论的主流。

所以，我们得先对“不老”有个切合实际的期望。“找对参照坐标”是我常鼓励自己的话，那就是我不和年轻女孩比，不和杂志上的模特比，我只和与自己年龄相仿、阅历相当的女人比，我会让那些脸上虽有岁月刻痕，但皮肤依然细致、身段依然挺直、双眼依然明亮、笑容依然灿烂的中年女子成为我的竞争者，并以此作为我继续为自己的不老传奇而努力的坐标。

其次，我会把皮肤保养需求的主次弄清楚。永远没有皱纹？嗯，有点难度，除非我从现在开始板着脸，不笑、不亲吻、不说话、不眨眼睛！那保持皮肤的弹性和润泽呢？嗯，这个倒可以努力为之，只要我持续而确实地做好每天的皮肤保养工作，注意健康的饮食和日常作息，那么让皮肤尽可能地保持弹性润泽，绝对是可以达到的。

最后，哇，这也是我最爱的部分。您听说过“优雅地老去”这句话吗？您见过那满头银发，但布满皱纹的脸颊上却有着俏皮的红晕，有着智慧慈蔼的眼神，有着精致合宜的修饰，也有着优雅举止的长者吗？她也许不符合“不老传奇”的外在标准，但请您走近她，您就一定会明白，“不老传奇”的炫目光华，指的是什么了！

那么，现在，我们就实事求是地先来看一些“很打击”我们自信心的事实。但请答应我，看完后先别急着气馁，在医学、营养学和美容科技如此发达的今天，这些事实虽然真实得可恶，但我们也有对付它们的相应之道。

不是豺狼虎豹的“更年期”

更年期就和青春期一样，是人生必经的阶段之一，是身体随着荷尔蒙的变化所造成的。简单来说，就是女性身体从具有生育能力进入到不具有生育能力的过程。女性更年期大约是从停经前的 10 年开始，一直到停经后的 10 年、卵巢功能完全消失后结束，也就是从 40 岁至 60 岁这 20 年之间。对大多数的女性来说，45 ~ 55 岁是“症状”最明显的阶段。不过，每个女人的更年期时间并不一样长，有的只有短短的 2 ~ 3 年，有的则可能长达 8 ~ 12 年。

至于每个女人都一定会有更年期的症状吗？答案是：不一定。根据最新的临床医学统计，大约有 25% 的女性，在完全没有感到任何不舒服症状的情况下，就轻松度过了更年期。而剩下的 75% 的女性当中，则只有一至三成有较严重、需要治疗的更年期障碍。所以，虽然每个女人都必须经过更年期的生理阶段，但并不一定都得经历更年期的身心困扰。

一般来说，女性进入有人戏称是“第二个青春期”的更年期后，生理上会发生如下种种变化：血液循环减慢，肾上腺荷尔蒙分泌量减少，骨骼总量下降、钙质流失，肌肉失去柔软度和弹性，体内的水分量减少、脂肪量增加，黑色素使用量耗尽等。使得女性必须面对因此造成的脸部和腹部肌肉松垮，乳房下垂，皮肤干燥起皱纹，身材发福变形，头发脱落变白，骨质疏松，背部疼痛，容易疲劳等无法避免的生理变化，以及因之而可能产生的无力感和恐惧感……

如果我们更详细地分析几个重点，会发现：

女性身体的骨质含量在35岁到达巅峰后，就开始急速下滑，破坏的速度超过生长速度。尤其过了45岁进入更年期后，每年都要流失1%～2%的骨质。

女性从40岁开始，体重平均以每10年增加5公斤的速度增长。

女性进入40岁之后，体内抗氧化防御网的能力开始遭到破坏，因此导致多方面生理现象的迟缓和衰退。

女性皮肤的基底层细胞，进入30岁以后，再生速率开始明显地减缓，进入更年期之后，再生速率则只有20岁时的一半左右。

女性进入30岁之后，真皮层皮肤细胞中产生胶原蛋白的成纤维母细胞停止分裂，不再分泌使皮肤紧实的胶原蛋白。于是，从细纹终至皱纹逐渐浮现。

好了，好了，用这么些可怕的描述来吓唬完自己之后，接下来，我得用一句老生常谈来鼓舞自己：“年轻时的美丽是天赋，中年后的美丽则在于自己的经营。”是的，让自己的40⁺是朵盛开绽放的花，还是朵即将枯萎凋谢的花的决定权，在我们自己的手中。所以我坚信，一个不放弃自己的女性，是永远也不会老的。

更年期应该这样吃

很多人觉得，我看起来不论在脸部皮肤质地或身材上，都好像比实际年龄要年轻和健康一些。每次听到这样的赞美，我除了很心安理得地接受之外，同时也很感激每天愿意花心思仔细地帮助我烹制健康饮食的家庭帮手。我大概是从45岁左右开始，就比较留意自己的饮食健康，而且我所遵守的健康饮食方法，不仅和先生一起互勉执行，也和我的40+闺密们一起互勉执行。

由于工作性质和频繁的出差，以及总有和家人朋友聚在一起打牙祭的美好时光，我因此常有在外面餐馆吃饭，并且一不小心就吃得过量的时候。为了平衡这些过量的摄取，我除了工作餐盒饭这一类能避免就尽量避免的外食之外，在家的饮食就几乎和脂肪、精细淀粉、盐、糖不沾边，此外，家里也一直都只用橄榄油和红花籽油这两种不会增加体内环境负担的食用油。因此虽然在外面吃饭的机会仍频，但一直都还维持着符合年龄标准之内的体重和体脂肪量。

我每天的健康饮食原则，是根据台湾地区更年期医学会的《45岁以上妇女保健手册》中所建议的饮食原则来做的：

蛋白质和脂肪的摄取，应占每日总热量的12%～15%及

30% 以下。

胆固醇的每日摄取量，建议应在 400 毫克以下。（例如，每天不超过 2 个鸡蛋）

每天钠的摄取，应在 3200（8 ~ 10 克食盐）毫克以下或更少。

增加膳食纤维的摄取，如全谷类、蔬菜及水果。

增加植物性蛋白质的摄取，如大豆蛋白。

选择富含 β- 胡萝卜素、维生素 C、维生素 E 的食物。

多摄取富含钙质、维生素 D 的食物，例如牛奶。

每天喝 6~8 杯的水。

我相信上面这个健康饮食建议内容，在一些相关图书、杂志或网站里，都已经有非常详细的介绍，因此不需要我再多加引述。不过，虽然不是营养学专家、养生专家或这方面的权威人士，我还是想在这里分享几个我自己一直施行的，很简单也很有效的饮食心得。

如果某一餐吃油了或吃多了。

例如让人食指大动的北京烤鸭、西式自助餐里让人完全控制不住的甜点。夏天，回家就在小区里慢跑、快走或骑自行车；冬天，就在室内跑步机上至少运动半小时。除此之外，一定还要在接下来的那一餐和第二天除了早餐之外的其他两餐，坚持“只吃”用热水汆烫，不加任何调料，只淋上一些橄榄油或红花籽油的各色蔬菜，例如橙色的胡萝卜、黄色红色的柿子椒、绿色的西洋芹菜、白色的豆腐山药等，除了可以把前一天过量摄取的热量消耗掉，也可利用蔬菜中的膳食纤维来帮助肠胃的蠕动。

我再强调一次，在这几顿“消耗餐”中，我只吃蔬菜，不再吃任何肉类和主食，而且绝对不用油炒。不过，如果你真的没法下咽这么清素的菜的话，那就切几片苹果增加它们的甜味，再淋上水果醋拌一下，最后撒上些黑芝麻，也是可以的。

我的人生哲学是，千万不能在吃饭这件事上委屈了自己，尤其是和自己喜欢的人一起大快朵颐时，更是要“得尽欢时须尽欢”。因此，在快快乐乐地吃完后，只要遵守“吃多了，就立刻把它消耗掉”这个大原则，别偷懒，别囤积，健康和身材就一定不会出大问题的。

无论如何得留意胆固醇的摄取量。

这是中年人不能和自己开玩笑，得必须严肃对待的事。我年轻时，遇到工作累了或心情低落了，很简单，只要让我吃一客足够分量、上面淋了浓稠酱汁的鹅肝酱沙朗牛排，配上一瓷碗热腾腾、撒了厚厚肉桂粉的焦糖布丁，再来一大杯香浓醇厚的黑咖啡，保证立刻就能让我重新振作起来。因此，当年创业的压力太大时，这几乎是我和先生每个月至少要吃一回以上的“心灵美食”（Comfort Foods）。当然，这些含有恐怖级热量的心灵美食，也让我的胆固醇指数和体脂肪量，一度变得非常恐怖。现在，我已经戒掉了红肉，也不再吃含脂肪40%～60%、食用后会增加胆固醇含量的鹅肝了。（如果你坏心地问我：现在还有“心灵美食”吗？有啦！长得又好看、吃起来又香又可口的甜点，还是我不能放弃的软肋啦！）

大部分女人都容易有水肿的毛病。

40+女性因为新陈代谢速率下降、循环速率减缓，就更容易有下肢积水的问题。如果下肢积水了，不仅让身材显得厚重臃肿，穿衣服不好看之外，沉重的下半身，也会让心情因身体沉重、地心引力增加而变得疲倦沉重。

对于我这个要么必须站着讲课，要么坐在电脑前写稿就是一整天的人来说，下半身水肿，一直是我的宿敌。而我对付它的法宝是：将薏仁、白芸豆、绿豆、黑豆、蓖麻籽、糙米、高粱、黑米、大红枣熬煮在一起的杂粮粥或杂粮饭。只要在家，只要该吃主食时，它们肯定就会出现在餐桌上（是的，你没看错，我不吃精细的大米）。这些花花绿绿的豆类、种子和粮食，不仅提供我各种营养素、各种色彩能量，还帮助我水分的代谢和保证将废水排出体内的下水道循环畅通。

此外，在对付积水这件事上，我的另一个心得是，不要在晚上7点以后喝太多的水。白天，我堪比水牛，确保自己的水分摄取量符合要求。但一到晚上，我就很谨慎留意自己的喝水量，觉得渴了，只喝一小口水润润喉咙，这样就不会让睡觉时无法顺畅排出的积水成为身体的负担，并造成身材的水肿发胖。控制晚上的喝水量并不困难，只要注意晚餐不要吃太咸、太油腻和放了味精的食物就行了。

不喝任何带甜味的饮料，但现榨的纯天然新鲜果汁除外。

饮料中的糖分不仅容易让人发胖，影响水分的代谢，还会使体液和体质呈酸性，对皮肤和消化都是负担。因此十数年来，我只喝煮开过的白开水，早餐和午餐后各一杯黑咖啡（所有的医学研究都证实，一天两杯是有益健康的）和能利尿消食的熟普洱茶。

夏天，每天我的早餐里会包含一杯由红苹果、绿西洋芹菜、胡萝卜组成的鲜榨蔬果汁；冬天，则换成黑豆、少数花生和核桃的现煮豆浆。此外，每天晚上睡前的一个小时，夏天，我会喝一杯里面加了一小半茶匙蜂蜜的温热高钙脱脂鲜奶；冬天，则会在中老年人适用的高钙、高铁脱脂奶粉里，除了蜂蜜之外，还会掺入一些含有丰富营养素的坚果粉末，例如杏仁、核桃、长寿果、榛核果等。

也许看到这里，你已经控制不住地跳着脚说：哇！这么讲究，我成天这么忙，哪有这些闲工夫呀！这时，我就会告诉你：先去看看前面章节中我提到的时间管理，把瞎忙的时间给挤出半个小时来，然后问问自己，我值不值得这每天30分钟的照顾？还有，我愿不愿意相信“年轻时的美丽是天赋，中年后的美丽则在于自己的经营”这句话？

不过，对于健康饮食或养生，在这里我还有些原则想大声呼吁：

为了尊重并保护那些和我们一样有权利享用地球的生物，我坚决遵守“没有买卖，就没有杀害”的精神，坚决不吃那些杀戮后所得来的食材。

我只吃平价但营养丰富的食物。那些需要花工薪阶层好多天甚至半个月伙食费的食物，我坚决不吃。

为了减少碳足迹和地球资源的浪费，我只吃当地、时令的食物。它们不仅保护了地球和资源，也因为当地、时令而更加新鲜美味。

用营养来改善更年期的情绪障碍

如同我在前文中曾经说的，不是每一位女性在更年期期间都会有生理或情绪的不适，但确实也有将近两成女性会在此期间遭遇严重的困难。而且，对大部分的 40⁺ 女性来说，体内荷尔蒙的显著变化，已长大的孩子不再像从前那样需要我们，职业生涯的瓶颈，对影响婚姻变数的难以掌控，皮肤和身材的日渐走形……都是让女性在这段“空巢期”无可避免地产生或大或小情绪困难的因素。

对于如何用营养素来改善“空巢期”诸多生理困难的问题，一来，坊间已有许多严谨的图书可供参考；二来，我个人并不是营养学、养生学这方面的专家，所以对此不敢多有言论。但是对于因更年期所引致的情绪困难，以及如何用营养素来帮助克服这些困难的领域，我倒是略有涉猎。因此愿意在这里分享一些研究的心得。

引起更年期情绪障碍的主要原因，学者们一致认为还是和荷尔蒙的缺乏有关。这个被称为“更年期忧郁”的“病症”，有别于其他忧郁症，而临床上的表现则包含情绪低落、胸口郁闷、脾气失控、烦躁、焦虑、失眠、疲倦、头痛、晕眩、记忆力减退等。如果女性的“更年期忧郁”症状表现严重，甚至有越来越加剧的趋势，那么在看过专科医生，并经过专科医生的确诊后，给予荷尔蒙治疗法，可能是个不错的选择。

如果症状并不严重，专科医生也认为眼下并不需要积极从药物治疗的话，那么，除了对自己的心理建设之外，一些营养素的摄取，也会是很好的辅助疗法。

针对“更年期情绪障碍”可以多摄取的营养素：

维生素 B 群　减缓紧张和压力

来　源　大豆、牛奶、肝脏、全谷类、肉类等。

功　效　帮助神经系统的正常运作，减轻过度负荷的情绪压力和焦躁不安，帮助解决失眠、疲劳、情绪不稳定。

维生素 B_1　可消除疲劳，增强记忆力，改善睡眠质量。建议多吃燕麦、糙米、豆类、肝脏。

维生素 B_2　对脂肪的新陈代谢有非常好的功效，也可以改善因脂肪堆积而造成的肥胖和疲劳。建议多吃蛋类、牛奶、豆类、花生、酵母、绿叶蔬菜（口角炎是维生素 B_2 缺乏的征兆，如果常常出现口角炎，就得赶快补充它了）。

维生素 B_3　又叫作烟碱酸。是脑部和神经系统运作时能量的供给来源。能改善情绪不稳定、紧张、暴躁易怒、睡眠品质不佳。富含维生素 B_3 的食物是猪肉、猪肝、酵母、全谷类、绿叶蔬菜等。

维生素 B_{12}　是红细胞合成的重要原料之一，也对神经系统的运作和维持大有助益。能增强记忆力、改善疲倦和对任何事都提不起劲的困乏感。食物来源有小鱼干、奶蛋类、肉类、贝类、肝脏、酵母等。

维生素C　睡个香甜的好觉

来　源　红枣的维生素C含量居百果之冠，比苹果、桃子高出90倍，比梨高出150倍之多。因此中医在配方或药膳里常加入红枣，主要就是帮助更年期女性改善睡眠质量和焦虑不安的情绪。此外，酸枣仁、龙眼、深绿色和黄红色的蔬菜，也是维生素C丰富的来源。

功　效　安定神经系统，补血安神、补养心脾。改善神经衰弱、长期失眠、常做梦、心悸等问题。

矿物质“钙”　不再焦虑

来　源　除了奶制品之外，豆腐、菠菜、沙丁鱼、发菜、海带、芝麻等都富含钙质。

功　效　对女性因荷尔蒙急遽下降所导致的神经紧张和失控有改善作用，例如情绪波动太大、无缘无故乱发脾气、做噩梦、失眠等。根据研究，情绪不稳定的人，往往是因为酸性食物（如肉类）摄取过量而导致的，所以可能需要维持一段时间的素食来平衡体内过于酸性的环境。

矿物质“镁”　帮助肌肉纾解淤积的压力

来　源　深色蔬菜，如菠菜里含有大量品质良好的镁。此外，谷类中的玉米、荞麦、小米、高粱，豆类中的黄豆、蚕豆、黑豆、豌豆、豆腐，蔬果中的苋菜、雪里蕻、芥菜、紫菜、杨桃、桂圆，坚果中的花生、核桃仁，以及牡蛎、牛奶等。

功 效 是体内多种酵素活化时所不可或缺的介质，除了能帮助糖类的代谢之外，也有非常好的安定神经功能，可以很好地稳定情绪。

用营养来维持更年期皮肤的健康和美丽

前面的章节里，我已经列举了几条足以把自己吓出心脏病的一些对更年期女性青春美貌有杀伤力的事实。现在，我们就来看看能利用哪些食物营养素和天然抗氧化剂来对抗它们。

维生素 C　强大的抗氧化剂和守护神

它是我们都早已耳熟能详的维生素，也知道它具有非常强大的抗氧化功能，但我们可能不太熟知的是，它同时也是保护其他具有抗氧化能力的营养素在行使职能时，不被干扰和阻碍的守护者。除了这两项使皮肤保持年轻化的伟大能力之外，维生素 C 也是很好的排毒剂，能排除体内淤积的毒素，同时还能优化免疫系统的能力。

别忘了，对女性来说，又补气、又补血、价格又实惠的红枣，它的维生素 C 含量可是百果之冠！

维生素 E　不老传奇的圣品

维生素 E 和细胞的抗氧化作用有关。它分布在细胞膜上，可以保护细胞膜上的组织不被自由基攻击而氧化。此外，它也可以有效抑制过氧化脂质的形成。过氧化脂质和自由基一样，会破坏生物膜、核糖核酸和脱氧核糖核酸的作用，对人类衰老、免疫功能下降，甚至肿瘤，都要负最大的责任。因此，维生素 E 作为“不老传奇的圣品”是绝对当之而无愧的！

维生素 E 含量最高的食物大多和“种子”有关，例如芝麻、核桃、坚果等，以及豌豆、玉米、糙米、小麦胚芽、绿叶蔬菜等。

β- 胡萝卜素　让皮肤水嫩年轻的彩色天使

β- 胡萝卜素是植物色素的一种，存在于胡萝卜、南瓜这些红黄色的蔬果中。它主要作用在氧气浓度较低的皮肤组织、内脏器官和末梢循环器官上。所以，如果摄取足量适量，对皮肤组织的生长有很大的帮助。还有，最棒的是，它能促进胶原母细胞的合成，让皮肤水嫩漂亮，预防皮肤干皱皲裂。（还记不记得女性在进入 30 岁之后，真皮层皮肤细胞中产生胶原蛋白的成纤维母细胞停止分裂，不再分泌使皮肤紧实的胶原蛋白的事？）

不过，一定要记得的是，β- 胡萝卜素是脂溶性的，所以一定要配合油脂类一起食用，才能帮助它的被吸收和功效。富含 β- 胡萝卜素的食物有胡萝卜、南瓜、地瓜、木瓜、杏桃干、红番茄、茼蒿、油菜、菠菜、韭菜、萝卜缨等。

茄红素　一夫当关、万夫莫敌的抗氧化圣斗士

根据美国《时代》杂志票选结果，以及哈佛大学长达 6 年、样本人

数高达48000人的研究调查显示，在众多具有抗氧化能力的营养素中，茄红素在毫无悬念的情况下，当选为一夫当关万夫莫敌的抗氧化圣斗士。它的抗氧化能力甚至是同样也具有超强抗氧化能力的维生素C的20倍！

但是，这个来自红番茄的营养素，却有个小小的怪癖——它必须被煮熟了吃！生吃番茄时，我们只能得到番茄里膳食纤维的帮助，它的茄红素却没法被人体吸收和利用。只有在烹煮过后，被释放出来的茄红素，才能强大地帮我们击退来犯的自由基。

胶原蛋白　“不垮”的大功臣

胶原蛋白是促使肌肉细胞紧密联结和保持弹性的大功臣，它是构成肌肉的肌纤蛋白和肌球蛋白的主要成分。另外，它也在皮肤皮层和细胞间，扮演着支架和黏合剂的角色。人类的皮肤总共有三层，分别是表皮、真皮和皮下组织层。其中真正代表皮肤的是“真皮层”，而真皮层里有70%的成分是由胶原蛋白所组成。所以它是皮肤、乳房、小腹、臀部等部位“垮没垮下来”的直接关系者。

蹄髈、猪皮、蹄筋、鸡爪这些传统被认为可以增加胶原蛋白的食物，固然可以提供身体一些胶原蛋白，但它的被吸收毕竟有限。因此，使用一些含有丰富胶原蛋白的保养品作为补充，也是很好的方法。

花青素　最良善的成全者

我之所以称花青素是最良善的成全者，原因是它会吸附在胶原蛋白上，以保持胶原蛋白的整体性和活动力。也就是说，它扮演了胶原蛋白在保持皮肤和肌肉弹性的功效中不可或缺的角色，但却又把所有的闪耀光环让给了胶原蛋白，自己只在舞台的一旁，默默地站着。

花青素主要存在于红色或深紫色的水果里，例如深紫色的葡萄、樱桃、草莓、醋栗、李子、蓝莓等。

第六章

在精油的香气中，让自己更健康美丽和幸福

正式场合中，每次有人介绍我时，都会在我的“众多”专业头衔里，重点说明我是个“芳香疗法专家”。而无独有偶，只要我有机会被问及一些和女性或生活有关的问题时，不论是在面对面的演讲会场或线上的微博访谈中，也一定会涉及和芳香疗法有关的问题。因此，我知道芳香疗法和植物精油，已经被许多朋友们所接受，而它们对身心灵的奇妙功效，也已经被许多朋友所心领神会。

拥有如此多“粉丝群”的植物精油，当然是不会辜负拥趸们的期望的。因此它也以最诚挚的热情和努力来回应了粉丝们的心。就像我在课堂上总是对学生们说的那样，植物精油对女性的荷尔蒙问题，以及因荷尔蒙失调而引致的情绪问题的回应，是在诸多需求中，最为果决和肯定的。因此，在女性一生中所经历的每个荷尔蒙变化阶段，不论是横跨女性生命中 30 多年的月经期，或生命中最狂喜激动的妊娠期，或初为人母或喜或忧的哺乳期，或临近生涯更替的更年期，植物精油都以它温柔纤细的能量，来看护每一个亲近它的女人。

所以，在谈及 40+ 女人该如何照顾自己的身心灵健康这个话题时，我们不能不深入讨论这个汇聚了大自然天然的植物能量，一直在一旁耐心守候，并对我们不离不弃的好朋友。

更年期的芳香疗法

我之所以喜欢芳香疗法，喜欢精油，也喜欢推荐女人使用精油，是因为它美美香香的特质非常符合女人的情感需求，使它在众多的自然疗法中独树一帜，不仅以富含的天然化学成分帮助生理功能，也能从情感需求的角度来抚慰易感的心灵。

当然，精油绝不仅仅有美美香香这么浅薄的功能，它是一种传承自几千年前古老埃及先民的生活智慧和生活艺术的现代科学，是利用萃取自植物的叶片、花朵、树干、种子等部位的芳香精华来治疗身心疾病的一种护理方式。大自然界中，每一种植物精华都因为它特殊的化学成分、特性以及香气而有它独特的治愈能力，例如：天竺葵能调节身体的内分泌系统，杜松是一个完美的身心排毒利尿油，而香水树则是美丽的催情精油。

事实上，精油虽然称之为“油”，但它其实并非是真正的油脂，在功能上它更像是植物的荷尔蒙。精油的芳香气味在自然界中形成了一个环环相扣的复杂系统，在这个系统内，每种精油于一定的剂量下，各有它专司的治疗功能，因此，精油就如同植物的生命能量，蕴含了植物生命的原动力。

拥有“植物性雌激素”或“类雌激素”功能的精油

在目前已被包括自然疗法医师、芳香化学师、芳香疗法治疗师在内的专家们证实疗效，并运用在临床护理上的100多种植物精油中，有一群很特殊的、被称为具有“植物性雌激素”或“类雌激素”的精油，它们能帮助女性在每一个荷尔蒙变化期间，从容地去面对身体和情绪的不适。

可能有许多女性朋友在听到“植物性雌激素”或“类雌激素”这个名词时会有些担心，生怕增加体内的雌激素后，会造成身体的负担或导致原有的荷尔蒙不平衡。如果此刻你也有这样的疑惑，请千万不用担心，因为我们之所以称它们为“植物性”雌激素或“类”雌激素的原因，就在于它们并不是人体内的雌激素，也和人体内的雌激素不一样。所以，如果你在使用拥有类雌激素功能的精油后，立刻就去抽血测量血液中的雌激素含量，就会发现它的指数和原来一样，丝毫没有变化。

那么现在，你可能又有另一个疑惑了。如果血液内的雌激素含量不变，那又为什么说这些拥有“类雌激素”功能的精油，能帮助我们调节荷尔蒙的问题呢？

原因之一是，植物精油里所含有的、和人体雌激素成分配比极为相似的天然化学成分，会以一种高频率振动的能量形式，来改变我们当下因荷尔蒙失调而引发的混乱能量环境，使它在精油高频率振动的能量介入下，回归到原来平衡的能量场域；原因之二是，这些和人体雌激素成分配比极为相似的天然化学成分，能制造一种“假想”的环境氛围，让生殖器官，例如卵巢、子宫，误以为又拥有了很好的生理环境，因此，就好好地开始工作。

我在课堂上喜欢用一个家庭中常会发生的例子，来说明这种运作方式。有一天当宝宝不好好吃饭，又到处乱丢东西时，已经被宝宝累得筋疲力尽，而且不管是好言相劝或威胁恫吓都已经不再管用的妈妈，这时就只好使出撒手锏来。她狠狠地拿起电话，作势拨通了警察局的号码，并且打算请警察叔叔来家一趟把宝宝带走。当她对宝宝说“你再不乖，我就让警察叔叔来把你带走”时，宝宝误以为警察叔叔真的就要来了，于是立刻就乖乖听话，再也不敢大声吵闹了。

在这部几乎在每个家庭中都可能发生过的情景剧里，不听话的宝宝，是那些被荷尔蒙上蹿下跳搅得不知所以的生殖器官；那个能镇住宝宝的虚拟警察叔叔，就是含有“植物性雌激素”或“类雌激素”的植物精油；而那个筋疲力尽的妈妈，我们就姑且说她是芳香疗法治疗师好了。

那么，哪些精油拥有“植物性雌激素”或“类雌激素”的功能呢？答案的名单不算短，但其中的佼佼者，则是：紫苏（罗勒）、快乐鼠尾草、丝柏、茴香、天竺葵、薰衣草、绿花白千层、香水树。

拥有“调节 40+ 女人因内分泌失调而引起的情绪症状”功能的精油

有些精油的香气和所含有的天然化学成分，能唤醒女性纤细的内在情绪和自我疗愈的能力，它们分别是：

罗马甘菊——安抚、镇定

罗马甘菊对神经紧张和失眠特别有用，至今《英国药草药学》还记载：消化不良、晕眩、食欲减退、怀孕呕吐、月经失调，以及伴随心理压力而产生的肠胃胀气，都适合用它来改善症状。此外，它对更年期所引发的高烧也有非常有效的缓解功能。

罗马甘菊的安抚镇定效果，很少有精油能出其右。它对失眠大有助益，许多西方人士习惯睡前喝杯甘菊花草茶或做个甘菊精油泡浴，以获得沉稳、香甜的睡眠品质。罗马甘菊或另一个品种德国甘菊的止痛效果也很著名，可改善更年期头痛、偏头痛、神经痛，和因为紧张而引起的全身肌肉痛、牙痛。

乳香——保护

双生涯女性每天忙碌不堪地“填充”每一个时段和每一件事情，到了晚上，终于结束繁忙的一天，却赫然发现，居然连一件事也没有完成！这种状况会引起一个人强烈的挫折感和焦虑情绪，并且害怕明天再旧事重演。

乳香能够帮助我们打破这种焦躁的情绪和恶性循环模式，预防生活中混乱的情况再次发生。当你需要平静的时候，特别是当你迫切地想要做好每一件事却一事无成的时候，让乳香帮助保护你免于激动、忧虑和一再遭受被击倒的伤害。此外，乳香有一种神秘的能力，能帮助我们将过去和未来串联起来，从过去的经历中汲取经验，成为今天生活的动力和期待明天会更好的热情。

葡萄柚——乐观

当生命中期待落空、前程无望时，我们往往会陷入自责和自暴自弃的情绪里，如果周而复始，这种感觉会逐渐累积，最终使我们沉滞低谷而无法自拔，从此变得消极悲观。葡萄柚精油可以帮助我们从谷底出发，摆脱低迷的情绪，消除自我怀疑和挫败感。它那清爽提神的芳香，能够激发我们潜在的乐观情绪，让我们从此变得开朗和乐观起来！

葡萄柚有两大特色：它可能是所有精油种类中，含有最多的维生素 C，同时也拥有最好的减肥功能的植物精油。葡萄柚精油的减肥功能在于它能快速有效地刺激淋巴系统的循环，控制蜂窝组织及体液的流动，因此，对肥胖症和体内滞留的水分，有非常好的排除功能。此外，它也有利于胆汁的分泌，因而能消化脂肪。所以，葡萄柚精油不仅能针对脂肪性肥胖有减肥效果，而且对于蜂窝组织性的水性肥胖，也因它良好的排水功能而具有极佳的作用。

茉莉——活在当下

活在当下。不要去为已经过去的事情后悔，也不要去为将来可能会发生的事情忧虑，去做、去关心“现在”应该做的事。茉莉精油能对抗抑郁、易感、恐惧的心理，带领我们进入安全稳妥的情绪领域，进入内心深处，释放潜藏的恐惧，重新燃起对生活的激情，从而在生活的过程中重新建立信心，坦然面对自己。

茉莉精油在芳香疗法界里被誉为精油之王，原因是每八百万朵手摘的茉莉花朵，只能制成 2 磅茉莉香脂，然后再经由溶剂萃取法得到茉莉精油。对于女性，茉莉精油具有养护生殖系统、增加女性化特质的功能，也是干性、敏感肌肤和妊娠纹的最佳保养油。它也有助于放松和睡眠，舒缓焦虑，对付严重沮丧，安抚神经，温暖情绪，增加自信和乐观的感受。

香蜂草——重生

有时，日子走到一个地步，仿佛过不下去了。早晨起来，得告诉自己记得要呼吸、要吃饭，要继续活下去，生命的沉重已逐渐不堪负荷。对于哀莫大于心死的严重情绪失落，香蜂草精油给予了神奇的安慰和继续生活下去的勇气。当心灵受创，生命经过死荫幽谷时，我们需要有提携一把的外在力量，也需要有激励鼓舞的内在力量。香蜂草精油能帮助我们从内心深处认清生命的本质和自我存在的价值，进而从深刻的失落和打击中走出来，重燃对生命的热爱。

香蜂草精油特别适用于神经系统、心脏和情绪的不协调，它能加强和恢复身体生机，以理疗抑郁症、极度焦虑、歇斯底里、过度惊吓的效能为最出色。法国至今仍大量使用香蜂草于药草用途，《英国药草百科》也记载着香蜂草能改善神经衰弱和各种精神沮丧症。此外，香蜂草也是一种女性精油，能帮助月经规则，增加女性化特质和受孕能力。

橙花——选择

生活是一种选择，是由我们每一分钟、每一秒钟都做出的无数选择的累积。大多数的选择是无意识的，例如是否要呼吸？是否要保持生命状态？有一些选择是通过理性思考得来的，例如如何应付上司？穿什么衣服？是否继续一段婚姻？生命中的选择，有时是一种挑战，有时是单纯容易和充满乐趣的……不管如何，真实地面对它们，相信我们的选择在此时此刻是最适当的，并且去享受这种选择所带来的结果。如果我们总是等待更适合的时间或完全想清楚了再做选择，也许很多机会就错过了。因此，请做出选择，并按照内心的选择去做吧！

橙花精油清雅的芳香，能平息紧张压力，安抚焦躁的情绪，带来愉悦祥和的感觉，它的镇定功能使它成为治疗失眠的好处方。此外，橙花精油也有增加细胞活力的功能，能促进细胞再生，增加皮肤水合能力，因此是敏感、干性、老化皮肤的最佳护理油。

玫瑰草——适应力

玫瑰草精油能帮助我们面对和接受改变。有时，我们是如此坚持地想要保有一些东西，唯恐随时会失去它们。或许过去我们曾经失去，曾经受过伤害，所以现在害怕改变，害怕再次失去。在工作和生活中，陷入舒适是很容易的事，保留旧的远远要比改变容易得多。我们习惯常规，因为只有在常规中，我们才觉得安全。但是，面对竞争激烈、瞬息万变的社会，改变，是一件无法避免的事，打破常规往往是突破困境的出口，因此，就让玫瑰草精油帮助我们更柔软、更自信、更勇敢、更有弹性地面对改变吧！

玫瑰草精油对女性的情绪也有安抚作用，它最有价值的用途是在对老化皮肤的护理上，能刺激表皮细胞的再生功能，平衡皮脂腺的正常分泌，淡化改善皱纹和细纹。

广藿香——和谐

常常，忙碌的工作和生活压力，让我们丧失了体会幸福和感受快乐的能力。我们像一个专心致志、埋头向前的过河卒子，没有办法停下来，喘一口气，欣赏一下路边的风景，我们忙得失去了感受快乐和幸福的能力，因此，常常觉得灵感枯竭，生活了无新意。广藿香精油有一种奇异的、来自大地土壤能量的能力，能帮助我们从内心里安静下来，把生活中的混乱捋一捋，顺一顺，抬起头来吸一口新鲜空气，闻一闻周遭花香，重新整合身心，然后步履昂扬地迎接明天。

此外，广藿香精油有聚合作用，能把松弛的皮肤细胞收紧，所以可以改善皱纹、皮肤皲裂、毛孔粗大的皮肤问题。

玫瑰——爱

玫瑰精油帮助我们重新感受在生命里、在生活中，所有美好的事物和无限宽容的爱。它能温暖心灵，为情感带来热情和温度，能拆除任何坚固的自我藩篱，让爱在心灵深处萌芽。借由感受幸福的能力，让爱成为经验，成为日后面临挫折、面临沮丧、面临背弃时的安抚。

玫瑰精油之所以让人肃然起敬，原因之一是来自它非凡的身价——5 吨的玫瑰花，只能蒸馏出 2 磅的玫瑰精油。因此它与茉莉精油并列，被誉为“精油之后”。此外，它是非常女性化的精油，能激发女性的自我认同和自信，也能“催动”女性最性感的情愫。玫瑰香氛是魅惑催情、提振性冷感的个中翘楚。现代化妆品中，46% 的男性香水、98% 的女性香水中，都含有玫瑰精油的芳香。而市面上，超过 90% 以上的春药、壮阳药也都含有玫瑰精油。居家护理中，用玫瑰精油来松弛紧张、平顺焦虑，对产后忧郁症尤其有效。

檀香木——性感

生活中，有时我们需要安静下来思索一些事情。我们常常会被困在理性逻辑的世界里，失去倾听内在声音的力量。我们每天忙碌地做着所有必须去做，但不一定能够给自己带来快乐与满足的事情，有时我们真的需要在内心世界里给心情做一点转换，当我们真的能够做到发自内心地工作时，便有了力量去看待事情的本质。因此，当心里感觉惶惑不安的时候，请用檀香木精油来安抚你骚动的心灵，在禅定的沉思中保持内心的平静。

有趣的是，能放松心情、净化心灵、启发冥想的檀香木精油，竟然是所有植物精油里最有效果的催情剂，它改善性冷感、性无能困扰的能力无可匹敌。它能在深度减压的同时，释放心灵的枷锁，让人在心灵的自由中，任想象飞翔，寻回原始的情愫。因此，檀香木精油并不是消极地提振性器官的功能而已，它是透过内在心灵的自由，将潜藏的能力抒发出来，在自信中展现原始的魅力，是积极而健康的。

檀香木精油也是非常好的皮肤保养油，它具有极佳的保湿功能，能滋润、软化、轻微收敛、防止老化，适合老化缺水、敏感干燥以及油性毛孔粗大的皮肤使用。

情绪理疗精油的使用方法

以上这些对 40⁺ 女性心灵和情绪有很大帮助的精油，每一款都可以单独使用，也可以根据当下的情绪需要或个人对香气的喜好而“任意混搭”使用。我个人比较喜欢的方法有两种：

做成花水喷雾，随身携带。

只要想用时，就拿出来喷喷。调制的比例是：50毫升的纯净水里，滴入10滴纯精油，使用前摇匀就可以了。这10滴纯精油，可以是单独一款，也可以是几款混加在一起。

泡澡。

如果家里有泡澡的条件，那么，泡澡是我非常喜欢的一种享受精油情绪疗效的方式。方法如同其他的泡澡配方一样，在浴水里滴入8～10滴，可以完全单方，也可以混合滴入几种单方精油。

更年期的身心灵精油配方

美国前总统布什的夫人芭芭拉在她所出版的回忆录中说，更年期时，她曾经患有严重的情绪障碍，并且一度因此产生自杀的念头。她将忧郁症的原因归因于更年期身体缺乏荷尔蒙，以及布什当时担任公职的压力太大所致。可见更年期忧郁症是许多更年期妇女共同感到困扰的问题，只是大家不太愿意将问题表达出来而已。

有些更年期情绪困扰的主要原因，来自荷尔蒙缺乏。例如：因为更年期热潮红的症状导致失眠，到了白天又因为睡眠不足而感到倦怠、注意力不集中、对许多事提不起兴趣，并间接地影响到人际关系和家庭生活；也有些人因为热潮红，全身燥热忽然间就导致情绪失控。更年期尿道炎或是阴道炎的问题，也常使得夫妻的性生活出现问题。以上种种情形，自然容易引发精神的症状。此外，对于停经或是老化的恐惧心理——生怕自己变老、变丑、身材变形，甚至失去先生的关爱，担心得了癌症或死亡，或是空巢期的空虚感，对于更年期女性也都会产生很大的压力。

其实，更年期情绪障碍并不如一般人想象中那么可怕而无助。出现症状时，只要正视问题，寻求家人的支持，大多能很快地走出阴影迎向阳光。对大多数人而言，更年期反而是一个重新发现自我、建立自我的时期。对于一个女性来说，更年期以后的生命，占了整个人生超过三分之一的长度，若是以受完教育，进入社会以后算起，更是占了将近二分之一。因此更年期以后的保健，事实上是关系到整个人生二分之一的生活，确实必须给予更多的重视和关注。

所以，更年期到底有没有传说中的那样可怕，倒不是芳香疗法治疗师们所关注的课题；我们更关注的是女人在面对无可避免的荷尔蒙的变化时，该如何更好地度过或适应它所带来的生理上的、心理上的，以及情绪上的冲击，以便享受人生第二个本该美好的春天。

热潮红

热潮红是更年期妇女最常见，也是最感到困扰的症状。根据国外医学周刊统计，大约有 85% 的妇女，更年期时会出现热潮红的症状。国内则大约有一半的妇女，会有热潮红的症状。这些症状因人而异，有人可能很轻微，也有人可能对生活造成相当的困扰；有人可能经过一段时间就会慢慢恢复，但也有少数特殊案例，热潮红的症状持续长达十年或者更久。

热潮红发生的原因，可能是因为身体内荷尔蒙的改变，造成中枢神经里面一个控制体温的中枢失去平衡，使得身体的自律神经处于一种不稳定的状态，血管会突然之间收缩或是放松。有热潮红现象的更年期女性在饮食中要多摄取大豆制品，包括豆浆、豆腐等，因为豆制品中含有丰富的植物性荷尔蒙，可以有效降低热潮红的症状；此外，中药的当归，也相当有效。

配方和使用方法：

准备一个能随身携带在皮包里的 50 毫升大小的小喷壶，先盛入 50

毫升的蒸馏水，接着滴入 4 滴鼠尾草精油、4 滴欧薄荷精油、4 滴松木精油，充分摇匀。每当你觉得即将有燥热的情况发生时，就立刻取出喷在脸上和颈部，就能帮助缓解这个症状。另外，服用维生素 E 胶囊对缓解这个症状也有帮助。

盗　汗

当热潮红症状产生时，身体的温度在突然之间急遽上升，为了排除这些突如其来的热量，血管必须立刻扩张以便将热量散发，同时间排出大量的汗水以降低体表的温度。因此整个脸或整个身体首先突然间红了起来，接着就出现盗汗的现象。通常发红的症状仅仅维持一到两分钟，但随后因为身体大量的散热，有些人除了盗汗，还会冷得发抖。

配方和使用方法：

临睡前的芳香泡浴是最好的选择，因为能接触全身皮肤并进入血液循环，同时改善神经系统的紧绷和疲倦，进而避免夜间睡眠时的盗汗现象。

在注入七分满温水的浴缸内滴入 4 滴绿花白千层精油、3 滴丝柏精油、3 滴鼠尾草精油。浸浴至少 15 分钟，与此同时最好还能听听音乐，或闭目养神。

失　眠

根据医学统计，所谓“更年期失眠症候群”大约困扰着 40% 更年期过渡期的妇女，多数都是因盗汗、热潮红或焦虑所引起。也有人就是没什么原因地睡不好，有可能是因更年期本身睡眠生理周期的改变所造成。当一周有超过 3 个晚上睡不好，并且已经影响白天生活作息或日常功能困扰时，在医学上就称为“更年期失眠症候群”。

“更年期失眠症候群”的特征简单来说，就是睡睡醒醒，没有深度睡眠，醒来就很难入睡，而且特别容易早醒的意思！

在治疗策略上，一段时间的荷尔蒙补充疗法还是目前医疗上首要的选择，因为有 8 成至 9 成的失眠还是因更年期激素分泌水平的下降所造成，对于这些症状荷尔蒙疗法会有挺好的效果。当然，进行荷尔蒙疗法需要经过妇产科医师诊治咨询，用何种方式和多长时期，都需要配合其他相关的检查才行。

除了上述的荷尔蒙疗法之外，如果失眠的问题是因热潮红所引起，那么利用芳香疗法来改善热潮红，也可以改善失眠情况；但如果它是由焦虑而引起，那么就必须找出形成焦虑的原因，以芳香精油来改善生活方式进而减轻焦虑。

能帮助更年期失眠的精油有：罗马甘菊精油、橙花精油、马乔莲精油、薰衣草精油。

配方和使用方法：

任选上述 3 款精油，维持总数 10 滴，滴入浴缸里，每周泡澡一次。

在 50 毫升的圣约翰草媒介油里（圣约翰草油拥有很好的抗忧郁疗效，但它的价格相对偏高，若要降低成本，可以在 40 毫升的葡萄籽油里兑入 10 毫升的圣约翰草油，也可以达到效果），滴入 8 滴橙花精油、8 滴罗马甘菊精油、8 滴薰衣草精油，混合均匀后，每晚临睡前在胸部和腹部上按摩。

除了用芳香调油按摩，最好能在睡前喝一杯加了一茶匙蜂蜜的温牛奶，也能起到宁神安睡的作用。

心 悸

人过了 45 岁，尤其是女性，容易出现心悸症状。这当然与身体的新陈代谢减缓、脂肪堆积增加、老化以及情绪和压力有关。只要定期做健康检查，排除器质性病变的因素，利用芳香精油来改善会是非常有效的方法。

配方和使用方法：

白天：可以准备一个小棉花球，在上面滴入 1 滴马乔莲精油，塞在左边的上衣口袋或左侧的胸罩里，但请留意不要让纯的马乔莲精油直接接触到皮肤。马乔莲能安抚镇定呼吸急促、心悸胸闷的心因性症状，同时预防更进一步的心脏疾患的产生。

夜晚：临睡前，在 50 毫升的琉璃苣油（也是拥有抗忧郁能力的绝佳植物媒介油）或圣约翰草油里滴入 5 滴乳香精油、5 滴马乔莲精油、10 滴天竺葵精油，混合均匀后，每晚临睡前抹在胸口和腹部。

失去性趣

更年期性生活的障碍来自两个方面，包括心理和生理的因素。更年期性生活障碍的生理因素，当然毫无疑问地主要来自缺乏女性荷尔蒙所造成的后遗症。由于更年期妇女雌激素水平下降，使得阴道的黏膜变薄、分泌物减少、外阴和阴道萎缩，性交时会因而受伤、疼痛，性生活成为一种不愉快的经验，自然会影响到享受性生活的意愿和乐趣。

心理因素的成因则相当复杂，可能包含了女性对乳房、腹部等身体改变的自卑，因会阴部干燥造成行房时疼痛，睡眠品质不良所导致的疲倦等，在临床上都可能是更年期性生活障碍的原因。

此外，女性进入更年期后雌激素水平下降，某些神经兴奋物质，如雄激素、内啡肽等分泌也随之而减少，因而容易出现精神疲惫、情绪抑郁、性欲减退、身材变形和自卑心理，以致在性生活过程中，性激发及唤醒的速度较慢，和需要更多前戏的引导。此外，由于精神疲惫和情绪抑郁使然，导致在性生活过程中无法完全投入，也会使配偶丧失“性趣”而中断性生活。

不过，根据西方国家的许多研究调查显示，女性在 40 岁时，是重新享受性生活的最好时机，而许多这个年龄段的女性，也承认她们确实享受了比从前更好品质的性生活。原因是更成熟和懂得自我觉察的 40^+ 女性，此时已敢于向配偶说出内心真实的渴望，同时也勇于引导或要求他们做出更好的配合。所以在有了这些前例可循的鼓励和植物精油的甜蜜催促下，我相信，只要诚实地面对自己的欲求，并勇敢地敞开心房和他沟通，重新享受更美好的性爱，绝对是 40^+ 女人可以期待的事。

面对这个情形，更年期女性可以使用含有天然植物雌激素以及能舒缓心情、刺激性欲的精油来帮助自己。这些精油分别是：玫瑰香脂精油、檀香木精油、香水树精油、甜百里香精油、快乐鼠尾草精油、黑胡椒精油。

配方和使用方法：

在客厅和卧室里分别放一个插电的扩香石热油皿，临睡前一小时从上述精油中任选一种滴入，就能改善心情和室内的氛围。

或者有个更简单的方法，在装了100毫升自来水的喷壶里滴入10滴上述任何一种精油（如果选择香水树精油，必须留意它的气味颇为浓厚，可以考虑滴入香水树精油2滴、甜百里香精油或快乐鼠尾草精油3滴，以稀释它的浓厚香味），同样在临睡前一个小时喷洒在客厅和卧室。

注：对于外阴干涩的问题，至今芳香疗法专业界尚未发现可以改善的精油，不过可以口服维生素E胶囊，并且借着涂抹油脂来润滑该部位。可以在10毫升纯天然的向日葵植物油里滴入3滴天竺葵精油，混合均匀后涂抹在外阴部位。请留意，一定要将天竺葵精油滴入媒介油里稀释混合后使用，绝对不可以直接将纯精油抹在皮肤上。

皮肤保养

更年期女性由于雌激素的缺乏，会伴随皮肤变薄，表皮细胞增生率减少的问题。另外，由于皮肤原有的小汗腺到更年期后开始逐渐萎缩，汗液分泌量减少，影响皮肤的湿度；再加上中年以后皮脂腺分泌趋向减少，也使皮肤失去滋润；更重要的是随着更年期后年龄的增长，皮肤血管收缩，对皮肤各种营养物质的供应也较年轻时减弱许多。因此，更年期女性对于皮肤的保养除了注意皱纹、松弛的问题，也得加强保湿和营养供应。

适合更年期皮肤保养的精油有：乳香精油、广藿香精油、玫瑰香脂精油、天竺葵精油、鼠尾草精油、柠檬精油。

调油配方　先将 20 毫升的玫瑰果油和 30 毫升的荷荷芭油倒入玻璃瓶中混合在一起，停留 24 小时之后，滴入：

比较奢华的配方　5 滴乳香精油、5 滴纯玫瑰香脂精油、5 滴天竺葵精油

比较经济的配方　5 滴广藿香精油、5 滴鼠尾草精油、5 滴柠檬精油

使用方法：

把调理油当作精华素，在洗完脸、使用润肤水之后，以及日、晚霜之前使用。

身材保养

更年期的另一个危机是身体的脂肪逐渐累积，体重上升，出现肥胖的问题。更年期肥胖的成因首先当然是由于年龄的因素以及雌激素不足所形成的。由于年龄的增加，人体的肌肉组织会逐渐减少而由脂肪组织所取代，因此体脂肪的比例会随着年龄增加而增加，可是此时又偏偏基础代谢率下降，身体消耗的热量减少，体重自然逐年上升。如果这时再加上因生活形态趋于固定和静态，饮食内容和习惯没有适时调整，也会增加体重。

利用精油来泡澡是维持身材最好的方法，只要每周或隔周坚持泡澡一次，除了能帮助情绪的稳定快乐，也能有效维持身材不致变形。

配方：在注入七分满温水的浴缸里，滴入4滴葡萄柚精油、4滴丝柏精油、4滴黑胡椒精油，浸浴至少15分钟。

维持“女人味”的保养

40+女性在完全停经前都有可能会经历一段“恼人的”过程：月经时来时不来，经量突然增加或稀少，多年不见的经痛又开始造访。这些征兆虽然显示停经的日子不再遥远，但却也表示我们该更加注意自己的月经调养，为停经后的“美丽”预作准备。

利用精油做更年期月经保养的目的并不在于阻止停经的到来或拉长月经岁月。事实上，女性一生中实际排出的卵子数目约为500个，其余则随时间渐渐凋亡，一般妇女在40岁左右时，卵巢大约只剩几千个卵子，等到50岁，大部分的卵子都已消失，卵巢所分泌的雌激素也逐渐减少，终至永久停经。因此我们不可能利用精油让卵子的数目增加或延长它们的寿命，但却能帮助我们在经历这些变化时仍然保持良好的生理、心理、心灵、皮肤，以及身材的美丽状态。

建议您可以从下面3个不同的配方中做选择，可以每1～2个月替换一次配方，让身心一直保持在新鲜而愉悦的芳香经验中。

充满柔情、细致奢华的配方1 100%纯玫瑰香脂精油2滴、檀香木精油4滴、天竺葵精油4滴

充满激情、温暖欢愉的配方 2 鼠尾草精油 4 滴、生姜精油 4 滴、黑胡椒精油 4 滴

充满热情、浪漫馥郁的配方 3 杉木精油 4 滴、绿花白千层精油 4 滴、佛手柑精油 4 滴

使用方法：

每周 1 次，或每 2 周 3 次。找个安静、温馨、静谧的时间，选一张喜欢的音乐 CD，把浴室的灯光调暗，在喜欢的烛台上点上一支蜡烛，在注入七分满温水的浴缸里滴入上述任何一种配方精油，放松地躺着浸泡 15 分钟。

第七章

运用色彩的能量，让自己更快乐幸福

自从我“又”开始以不同于以往在医院从事面对面的心理治疗，而是以演讲授课和写书的方式，来重操心理治疗这个旧业之后，运用色彩的能量来进行心理治疗这个很科学，并在欧美已行之有年的方法，就一直和我的另一个热爱——芳香疗法，成为我的大众心理学之路上的左右搭档和美好加持。

不过，这两个对我来说，在重要性上不分轩轾，在个人喜好上也不分轩轾的视觉和嗅觉疗法，却在我的演讲中占据了不太一致的比重。原因无他，只因为我一贯的“善良和体贴”所致。是的，芳香疗法拥有非常美好的疗效，但它需要花一些钱去买精油；色彩疗法也拥有非常美好的疗效，可它完全可以不用增加花费，在日常的衣食住行上就能很好地实行。

因此，如果当次我所接受邀请去演讲的主题，清楚明白写的是“芳香疗法”，我就能毫无负担地罗列出各种对身心灵具有疗效的植物精油，并毫无挂碍地说明它们的使用方法。可如果当次我所接受邀请去演讲的主题，只界定出了一个比较宽泛的主题，例如压力管理，这时，我就愿意更多地去介绍不用再花钱，在日常饮食、穿衣、家居织品上就能从容体现的色彩疗法。

当然，我的这点“妇人之仁”，并不只是为了考虑替大家省钱，就无奈地妥协了疗愈能力的考量。事实上，色彩能量疗法是一项非常科学并经过了无数实证的技术，不管在医学上、管理学上、行销学上、室内设计上，都已经被广泛地运用，而且还有愈演愈烈之势。为了证明我的所言不虚，下面就介绍几个和色彩能量疗愈有关的科学研究证据。

2003 年，美国佛罗里达大学研究生科特尼·乔·艾之（Kortney Jo Edge）做了一项针对佛罗里达医学院所属杉德思医院（Shands Hospital）心脏科病房慢性病人的研究。研究主题为《病房墙壁的颜色是否会影响病人康复的速度》。研究人员在医院的 10 个心脏科病房里，将面对病床的墙面分别漆成 4 种不同的颜色——橙色、绿色、紫色、米白色。并观察分别住在不同颜色病房内的 39 位 26 岁至 89 岁病人的焦虑指数、需接受住院治疗的天数，以及需求药物来减缓疼痛的次数有无明显的区别。

科特尼选择将病房墙面漆成紫色的原因是，紫色能减轻焦虑、帮助睡眠、降低体温，以及减缓对疼痛的敏感度。漆成绿色的原因是，绿色有镇定、舒缓焦躁、恢复元气的能力。漆成橙色的原因是，橙色是宇宙的疗愈者，具有释放压力和对抗忧郁沮丧的神奇效能。至于米白色，则是杉德思医院病房墙面原来的颜色。

结果四个星期之后，这 39 位住院病人的观察实验显示，橙色的墙面不论对病人的焦虑指数、住院天数、疼痛缓解上都是最理想的选择，住在橙色病房的病人，在住院期间对缓解疼痛的药物已不具依赖性，而米色病房的病人则还需要服用与以往相同的剂量。这项实验也显示，紫色的墙面是最不理想的病房颜色。此外，“正确的”病房颜色不仅仅对病人有益，对每天频繁进出病房的护理人员，也都有减缓情绪的效果。

另一个研究来自中国台湾。2002年“中央大学”企管研究所研究生张东贺以许多前辈科学家的实验文献资料为基础，假设卖场的颜色和气味会影响顾客的消费意愿和行为模式。经过对180个有效受试者测试的结果，发现气味（芳香气味、异样气味、一般气味）和颜色（前进色卖场——浅蓝色、后退色卖场——深蓝色、一般色系卖场——米白色），确实会造成顾客在卖场消费时显著的情绪差异和消费意愿。

在更早之前，1982年，位于美国加州的圣迭戈州立大学护理学院的一项研究显示，暴露在蓝色灯光下可以大大减轻罹患风湿性关节炎妇女的痛苦。而1990年，美国的一项研究也揭示，闪烁的红色灯光可以在1小时内让剧烈的偏头痛得到缓解。美国佛罗里达健康和和谐中心的色彩治疗师Elena说，在她的治疗室里，色彩疗法还经常被用于治疗阅读困难症、阿兹海默症以及注意力缺陷等和神经医学有关的生理问题。

事实上，色彩不仅确知对生理功能有帮助，在工业设计中，色彩设计也在产品设计里扮演了非常重要的角色，因为色彩运用的高明与否，强烈地左右了产品的品位、销售定位以及人们的消费欲望。

在现代行销学中，产品使用一定的装饰色彩，往往有增强产品形象的感染力、加强识别记忆、影响消费心理和传递产品概念的作用。给不同职业、地区、年龄的人设计产品时，在色调上必须考虑他们的接受心理和审美价值。例如：给老年人设计产品时不能使用太强烈的色彩，因为会让他们感到头晕眼花而降低购买的欲望，此外也会降低他们在使用该产品时愉快的经验，因此，给老年人设计的产品大多以宁静、安定的色调为主；但是，给小孩设计玩具产品时就恰恰相反，玩具应该色彩缤纷，鲜艳夺目，才能让孩子维持对这些玩具的好奇和新鲜感。

好了，现在就让我们来看看每个颜色对 40+ 女性都有哪些身心灵疗愈的能力。

红 色

我年轻时从来不觉得自己是个爱穿红色衣服的人，我不喜欢红色的俗艳和招摇，总认为那是不爱读书、没有气质的浅薄女子才该有的颜色。可是后来，我的衣橱里开始出现了红色的蛛丝马迹，而且一旦出现，就一发不可收地霸占了几乎半壁江山。这样还不打紧，最让我感到诧异的是，我不仅仅开始接纳红色，连艳丽的洋红、绯红、桃红、紫红，都一并欣然接受，更别提那浅浅嫩嫩的粉红了！

这个转变是从什么时候开始的？我很清楚地知道，大约是从我过完40 岁生日之后就开始了！

没错，打从我过完 40 岁生日，正式进入所谓的“阿姨”身份之后，红色就在我的生活中悄然出现。我相信不仅仅是我有这样的转变，如果你细心环视周遭，就会发现许多“有些年纪”的女人也喜欢穿着深浅不一的红色，而且年纪越接近更年期，就越喜欢穿点儿、戴点儿、拿点儿和红颜色有关的东西。

这是为什么呢？答案很简单。因为红色是反射生殖系统的颜色，是所有色彩中，最动物、最原始、最本能，也最霸气的“生命”象征。当我们一旦觉得自己好像逐渐流失了一些东西时（例如：青春的感觉、性的魅力、生育的能力等），潜意识里就会想方设法试图把它寻找回来。因此象征生育能力的红色就开始在潜意识中出现，主导了我们对颜色的喜好和选择。

当然除了接近更年期或正值更年期的女性有这样的心理需求之外，想恋爱的女孩、想结婚的女子、想生个宝宝的妈妈，也会有类似的色彩心理需求表现。

在一系列深深浅浅的红色中，粉红色具有促进女性荷尔蒙分泌的力量，可以让女人的皮肤更水嫩光滑。目前欧美正流行一种色彩呼吸疗法（Color Breathing），就是让人在静坐状态中，想象自己正在大量吸入一种有颜色的空气，而呼吸粉红色空气的“粉红色呼吸法”，就是十分盛行的美容疗法，据说对皮肤和荷尔蒙调节都有很棒的功效。

粉红色的光线或色卡也常被色彩治疗师用来缓解人在面对危机时的焦虑情绪，它让我们学会放手，梳理纠缠不清的固执和混乱。对于女性意识来说，粉红色所代表的美丽是更光华内蕴的内在美。她虽然不像红色那样明亮耀眼、光芒四射，但她所散放的美丽，结合了美好的心灵与丰硕的爱，因此，她的美丽更耐人寻味，她的爱情也更诚挚而隽永。

橙　色

橙色主管了我们的直觉，它能稀释和淡化伤害的力度，并突破心理的枷锁。临床上，色彩情绪治疗师常用橙色来帮助精神崩溃、忧郁症、被强暴、离婚，以及遭逢意外的情绪型病人。橙色也是所有色彩中对巨大的悲痛、亲人逝世、失去（不管是人、爱情、金钱、事业、自尊等）最具有疗效的颜色。对于感觉被深深羞辱的人（不管是生理的或心理的），橙色都能将他从挫败中拯救回来，让他重新看见自己的价值。

有些喜欢沉湎于过去、不愿埋葬往事、不敢往前迈进的人，会表现出不喜欢橙色的心理反应。但橙色又恰恰是能提供勇气、消除窒碍，帮助解决这类心理问题的颜色。橙色对“过去的经验”拥有深远的疗愈意义，不管这经验有多么痛苦，都能给予我们心灵的滋养，让我们去勇敢地面对它。因此，对于已拥有40年生命经验，又承受了比往昔妇女更多责任和压力的现代女人，也许可以从橙色的能量中，找到忘记身后过往、努力向前的乐观和勇气。

黄　色

在临床心理学上有一个对特殊病症的描述叫“身心症”（Psychosomatic）。意思是指这个看似表现在生理上的疾病，其实是由心理所引起的。也就是说，它并非器质性的病症，而是心因性的病症。

人是个要面子的动物，身体若有不舒服时，我们可以毫不困难地告诉周围的朋友，自己正在胃痛、头痛或背痛。可是当情绪有困难时，却不太可能自在地告诉别人：我觉得没有安全感，觉得孤独，或正在罹患忧郁症。我们可以大方地与别人讨论自己的身体问题，却不愿意将自己内心的情绪与别人分享，因为我们害怕别人一旦看穿了我们的心事，就会从此看不起我们，或不再尊敬我们。

因此当我们真有心里不愉快或有内在情绪问题时，我们通常会选择把它压抑或储藏在身体的细胞里面，试图用自己的力量去消化解决它。可是当这个情绪继续恶化发酵到再也无力隐藏或漠视，而我们又还是不肯对人吐露时，它就必须找到一个出口来释放缓解它。而往往这个发泄情绪的出口，就是身体的某个器官，也就是负面的情绪会找到一个可以被攻击的生理器官，利用这个器官来抒发再也压抑不了的情绪。这就是所谓的身心症。

在所有的色彩中，黄色是最好的抗忧郁色彩。事实上，任何和情绪有关的身心症问题，都可以用黄色来疗愈它。在色彩心理治疗中，黄色能帮助治疗师让个案打开心结，把内心深处的桎梏松绑，开口说话。它也能把压抑在深处的情绪带到表面，帮助我们认识真实的自己。在心理上，黄色帮助我们挪开遮住心灵眼睛的棉布，驱散消极的思维；在情绪上，黄色帮助我们激发内在的自尊和喜悦的勇气，让我们勇于享受生命和快乐欢笑。

绿　色

在色彩光谱中，绿色位居正中，是暖色（红、橙、黄）和冷色（蓝、靛、紫）的中间支柱和桥梁。它既是光谱的中心，因此，当反射在身体上时，它也对应了身体的中心：心脏。另外，绿色位于黄色的右脑和蓝色的左脑之间，作为两端的中心，它一直在试图平衡，试图找到让双方都满意的中间之道。有位色彩心理学家说，如果你喜欢绿色，那么通过这座绿色桥梁时，你首先学会的是“爱”，因为唯有“爱”，才得以让心脏继续跳动。

是的，绿色象征了爱。因为爱，所以平衡；因为爱，所以安全；因为爱，也所以生存。

绿色是由两个原色所组成：黄色和蓝色。当它们组成为绿色之后，就把原有的良好品质发挥得更完全：绿色中的黄色——有洁净的能力；绿色中的蓝色——有启动自我觉察的能力。这个组合使得绿色拥有非常强而深入的疗愈功能，尤其是针对因为过去所发生的不愉快而引起的生理与心理的症状。绿色的疗愈过程是这样的：先是以蓝色的特质来理解洞察自己的问题；接着以黄色的洁净特质扫除挂碍；最后，以绿色的平衡特质作为重建系统和身心协调的药方。

对于那些身陷情感风暴，可却又不知如何做决定的恋人们或夫妻们而言，绿色是很好的治疗色彩。因为它能安定、平抚焦躁不安的情绪，还能帮助我们回归内在，找到继续走下去的心的方向。它是光谱的中心，是所有颜色的桥梁，因而也是灵魂的避难所。

蓝　色

蓝色的色彩能量所带来的内在平静，最适合帮助平抚那些因过去所发生的伤害而潜藏在内心深处的伤痛，并因为这些伤痛的记忆而造成的裹足不前。它帮助我们找回孩提时无所畏惧的欢乐和安全，寻回母亲般的温暖呵护，让我们愿意放手，并愿意再一次相信。

它也能打败恐惧，尤其是那种否定自己、轻看自己、不喜欢自己而造成的恐惧。许多生活在竞争激烈环境里的人，例如处在有第三者插足的爱情婚姻关系中，或工作于政治生态肃杀的企业里的人，会常出现脖子酸疼、肩颈僵硬、膝盖麻木的问题。其实，在身心症的解释中，脖子酸疼、肩颈僵硬、膝盖麻木，都代表了“我不敢再往前走”的恐惧心理症状。这时，蓝色就是最好的色彩治疗。

靛青色

当你需要安静下来，更深一层地去思考一件事情时，把自己包裹在靛青色的氛围里是最快速的方法。靛青色能帮助我们解析事物的本质，看见它的结构、知道它的意图。因此当我们面对选择，不知该如何去做最正确的决定时，它能带领我们透过事件的原貌和本质，知道何时该往前走一步，何时又该往后退一步。

此外，靛青色的灵性能量，还能帮助我们理解自己正存在于不可知的能力之间，是被保护的，也是被祝福的。这种感觉让我们渐渐放弃自己徒劳的挣扎，愿意安静地顺从并领受更高的主宰。

紫　色

在所有的色彩中，紫色和红色是距离得最远，也距离得最近的两个颜色，答案端看你怎么操作它——在色相环上，红色和紫色紧靠在一起；但是在可视光谱上，红色和紫色却各据一端。

对人的生命来说，这两个颜色的关系极为密切。红色象征“生”，紫色象征“死亡”：人类是在红色的“繁殖”和“生命力”下诞生，在橙色的“成长能力”下获得肉体的喂养和成长，在黄色的“对知识的好奇心”下获得智能的开发和积累，借由绿色培养“群我关系”和“社会性”，借由蓝色理解“自我和生命”，最终达到紫色的“豁然开朗”和“生命的终结”。

紫色既然是由等比的红色和蓝色所组成，因此也拥有等比的红色和蓝色的完美情绪疗愈能力。它是通往最深层次潜意识和性灵无限的桥梁，是疗愈几乎所有心理疾病的完美色彩。紫色能帮助我们深入孩提时期的初始记忆，帮助我们找到影响现今为人处世的基本根源，也因此帮助我们从潜意识的深处去处理各种身心问题。在所有紫色色系中，薰衣草的淡紫色是最强而有力的疗愈色彩，尤其是针对严重的情绪问题。

白　色

在色彩心理治疗中，白色常用来帮助那些因情绪困难而不愿意敞开自己，或过度内向而无法敞开自己的人。它有“破冰”和穿越重重云雾的能力，也能把隐藏自己的护目镜给摘掉。对于思维固执僵化（俗话叫一根筋通到底）的人，在色彩的喜好上他们是属于拒绝色彩或无色彩的人，由于白色是所有色光的组合，因此能将各种颜色的可能性传递给拒绝或没有色彩的人，帮助他们由一点点颜色开始，最后逐渐向各个面向的颜色打开。

白色也是平和与纯净的来源。如果你觉得自己最近生活忙乱而无序，很需要静下心来思考并重组生活的规律，那么，可以试着在纯白色的屋子里静坐一会儿，让白色的光线帮助你回复内在的平静。不过提醒你别在里面待太久，在纯白色的氛围里待太长时间，过多的平静反而有可能令人产生凄凉而孤独的感觉。

最后，由于白色对所有色彩的包容性使然，白色也是个很好的创造力与拓展力来源，如果这段时间特别需要开发自己的创造力或拓展力，可以让自己包裹在白色的氛围里，例如，多穿些白色的衣服。

金　色

来自内在因为理解、接受、自省、救赎而产生的喜悦的泪水，是净化悲伤最好的洗涤良方。浸润在浅金色的环境里，能帮助我们学会宽恕，不仅宽恕别人，也宽恕自己。此外，金色的巨大光芒能量和无尽的爱，能照亮身体与心灵深处的冥顽幽灵，是针对有自杀倾向的忧郁症患者最好的色彩治疗。

银　色

相信人离开世间后仍有轮回的人认为，人的一生都是由一条银色的索带所捆绑，它规范了我们前进的道路，也限制了我们行为的自由度。这条银色的绳索一直到我们悠然离开世间时，才逐渐松绑，可却仍然会引领我们进入下一个轮回。

银色既然拥有这样穿透天地与时间的能力，因此也是非常有效的情绪疗愈和安抚内在精神世界的色彩。在色彩心理治疗中，银色常用来帮助对过往心怀遗憾痛苦，对未来也心存恐惧担忧的情况。它就像一道清亮的银色聚光光束，为我们照亮来时的道路，也同时为我们照亮去时的道路。银色不像白色那样有“破冰”的爆炸性功能，可却能从参悟人生必经的跌宕起伏中，对过往的错误释怀，并进而对未来产生希望。

运用色彩能量进行疗愈的方法

利用呼吸和冥想来吸收色彩，是我最喜欢推荐，也是最简单、最具有疗效的方法。进行这个方法的诀窍是："用鼻子吸气，用嘴巴吐气。"

先练习一下深度的呼吸方法：

躺着或舒服地坐着，肩膀和全身尽量完全地放松。

用鼻子深呼吸，将肺充满空气。

尽可能地屏住呼吸，可在心中由1往上默数，看看能坚持多久。

慢慢地张嘴吐气。

每天练习至少一次。如果能屏住呼吸默数到50是最好的。但如果你做不到也没有关系，它还是一样有效，而且屏住呼吸的时间也会随着练习而慢慢加长。

色彩冥想呼吸法：

先找到自己需要的疗愈色彩。

找到一个具有该疗愈色彩的物体，例如色纸、色布，甚至蔬菜水果都行。专心地注视物体几分钟，把物体的颜色"照个相"，放在脑子里。

开始用上述的练习方法吸气，吸气时，想象那个色彩随着空气进入到肺里，接着屏住气，想象有颜色的空气很快地流到需要疗愈的身体部位，并且充塞在那个部位或器官里。

慢慢地用嘴吐气。

多做几次，一直到你觉得舒服了，想停止了为止。

我们除了可以参考前文中对每个色彩的疗愈功能介绍，找到适合自己的色彩之外，下面有几个常用的冥想色彩：

紫色

冥想并吸入紫色，可以帮助我们打开心窗，得到来自宇宙天球的智慧。很适合灵感枯竭、心思混乱或面对抉择无法选择的情况。

金色

当我们失去信心时，不管是对自己或对某个人、某件事，可以试着吸入金色的空气。我常用吸入金色的空气，来帮助那些学习成就很低，或遭受到责骂惊吓而失去信心的孩子。

金黄色

如果你内心非常害怕某件事情或某个人，不管是已经发生的过去，或担心即将发生的未来，都可以用吸入金黄色的空气来强化自己面对挑战的能量和疗愈伤害的勇气。

土耳其色

明天就要参加一场非常重要的升职面试，或参加似乎决定一生的考试，或拜访未来的婆婆。怎么消除心中的紧张焦虑，让自己看起来气定神闲呢？赶快呼吸点土耳其色的空气吧！

粉红色

马上就要见到那个我梦里都会翩然出现的白马王子了，我怎么才能表现出最迷人的风采和最动人的微笑呢？答案是，利用三五分钟的时间，吸吸粉红色的空气，让它帮助你挑动内心深处最幽微的情愫。

一束亮光

我当下没有什么特定的难题需要解决，只想减压和休息休息，有什么能让我得到能量并且焕然一新呢？答案非常简单。只要学会深呼吸，冥想自然的亮光，那么含有七色彩虹般的天光，就会进入到身体里面，涤净并赐给我们来自宇宙的能力。

给行头或家居布置添加一些拥有疗愈能力的色彩

除了色彩冥想呼吸法之外，多穿戴一些适合自己当下情绪或色彩能量的衣服、披肩、配件、提包，或干脆买一床漂亮的新颜色床单，换一个床上的抱枕布套，给沙发披上一袭织品椅套，换一个床头台灯灯罩……都是吸收色彩能量的方法。当然，我们不需要住在一个“完全粉红”或“完全绿色”的房间里。从面料的角度来说，只要面料上有 60% 是你的疗愈色彩，它就具有该色彩能量的疗愈能力；从空间的面积来说，有时在一片其他的颜色中，点缀一抹最鲜艳明亮的颜色，也是色彩能量疗愈的方法。

色彩的饮食疗法

说到吃，你一定和大伙儿一样，会发现自己有特别喜欢，或特别不喜欢吃的某些食物。而且，在某个阶段会突然特别想吃什么东西，而过了那个阶段以后又突然不想吃了。营养学家告诉我们，当我们觉得想吃某些东西时，正是因为体内缺少了那些食物所含有的营养素，所以它发出讯号，提醒我们从进食中赶快摄取补充进来。没错，这是个有趣的身体自我防卫机制功能，但这个功能除了适用于食物所含有的营养素之外，也同样适用于食物的颜色所代表的心理疗愈意义！

所以，你从饮食中摄取足量的颜色了吗？你以为食物的颜色就是那个样子，没有任何意义吗？呵呵！你错了，红色的西瓜、黄色的柿子椒、绿色的猕猴桃、紫色的甘蓝菜……这些五颜六色的水果和蔬菜之所以具有特定的颜色，是因为那个颜色里含有了特定的维生素、矿物质、微量元素等营养元素，同时，这些五颜六色的食物被摄入体内之后，也会在体内产生不同波长的振动频率。

所以现在，我们就来看看各种颜色的蔬果食物所拥有的色彩疗愈能力。

白　色

代表食物　茭白、冬瓜、竹笋、白萝卜、香蕉、花椰菜、洋葱、大蒜、土豆、鸡肉，鱼、牛奶、奶酪、蛋白、豆腐等。

在心理和情绪的疗愈方面，白色食物能帮助我们因情绪困难而不愿意敞开自己，或过度内向而无法开朗面对人群的情况。此外，白色食物也能启发我们的潜能和创造力，是很适合给正在发育和探索新知的孩子食用的。

红　色

代表食物　西红柿、西瓜、红苹果、粉红葡萄柚、红枣、枸杞子、胡萝卜、杨梅、草莓、山楂、红色柿子椒、红酒等。

在心理和情绪的疗愈方面，红色食物能激发我们对生命充满热情，相信自己拥有成功的能力和特质。如果有时觉得自己力不从心、筋疲力尽，好像永远没法达成目标；或者害怕自己的能力不足，无法完成任务，就可以在饮食中多补充些红色食物。

由于粉红色象征了爱和女性气质，如果你希望感受爱、呵护和温暖时，粉红色的食物，如水蜜桃、玫瑰露、红葡萄酒等，就具有增加女性化特质的积极作用。

另外，如果学习中的孩子面对严苛的升学挑战而表现出恐惧、退缩或放弃的负面情绪时，红色食物也能帮助他勇敢而乐观地面对困难。不过要留意，如果进食过量，会引起不安、心情暴躁、易怒，所以切记要适可而止。

黄色／橙色

代表食物 菠萝、木瓜、黄色的甜椒、柑橘、杏子、柠檬、胡萝卜、南瓜、芒果、玉米、红薯、黄豆等。

在心理和情绪的疗愈方面，黄橙色食物能帮助培养正面开朗的心情，不仅是种种身心症的疗愈食物，也具有欢愉和积极的特质。对于青春期的叛逆、学习困难、面临考试压力、自卑等孩子的问题，也是很好的食物选择。黄橙色食物也具有让人集中精神、增加注意力的能力，所以，念书时可以喝杯菊花茶，或吃点玉米、果仁之类的黄色小食品。

绿　色

代表食物 绿色的叶菜类、鳄梨、猕猴桃、青苹果、大葱、绿豌豆、芹菜、黄瓜、苦瓜、甘蓝等。

在心理和情绪的疗愈方面，绿色食物有利于稳定心情和减轻紧张情绪，与其他颜色的食物一起摄入效果会更好。对于那些身陷情感风暴，又不知如何做决定的恋人们，绿色食物有很好的治疗效果。因为它能安定、平抚焦躁不安的情绪，还能帮助我们回归内在，找到继续走下去的心的方向。而已经进入幼儿园，开始探索世界的孩子，也需要多吃一些绿色的食物。

紫色／蓝色

代表食物 海藻类的海洋食品、蓝莓、紫菜、紫茄子、紫葡萄、紫甘蓝等。

在心理和情绪的疗愈方面，蓝色食物能帮助我们安静地思考，放松心情和减缓焦虑的情绪。紫色的食物则启发心灵的智慧，疗愈严重的情绪问题。对于过敏性体质、过动、暴躁易怒孩子的色彩食物疗法，蓝、紫色食物也是很好的选择。

黑　色

代表食物 黑芝麻、黑糯米、黑木耳、黑荞麦、黑松子、黑大豆、黑香菇、海带、发菜、乌骨鸡等。

在心理和情绪的疗愈方面，黑色食物对沉溺于电动玩具、电子游戏、网络聊天而不好好学习的青少年颇具功效。此外，对习惯性逃学、缺课、不遵守纪律的孩子，也有规范的效果。

第八章

皮肤，可以不老，就尽量不老

维也纳咖啡馆文学大师托贝格（Friedrich Torberg）在写给女朋友的一张便条上，说了一句在咖啡发烧友之间流传甚广的经典名句：“亲爱的，我不在家就在咖啡馆；不在咖啡馆，就在去咖啡馆的路上。”结果，我和我的 40+ 闺密们，借用了他的这句话，把它改成：“亲爱的，如果周末找我，我不在家就在美容院；不在美容院，就在去美容院的路上。”

我不是在说俏皮话或开玩笑。上面这句话真的是我们周末时重要的生活内容之一。只要闺密间有哪几个人周末没出门待在北京，就会在把老公孩子打点好之后，约着去美容中心做护理，然后再一起吃顿惬意的晚餐。而我们这几个貌似在各个专业领域里都挺权威的 40+ 女子（好吧！我是 50+ 女子），谈话的内容却毫无忧国忧民的伟大情操可言。我们谈的，绝大多数都和怎么保持自己的青春美丽和健康生活有关。要不分享自己最新的美容养生心得，要不就介绍自己最新发现的，既时尚、性价比又高的个性小服饰店。

有一次，我们又聚在一起叽叽喳喳地讨论在座的某某人最近的减肥效果很成功时，正好让一位特意进来和我们打招呼的餐厅客户总监给听到了。她站在门口听完了我们那段很大妈、很八卦的谈话内容之后，用几乎不可置信的神情和语气说：“啊？！没想到你们几位在一起都谈这些东西呢！我还以为……”害得我们这些“德高望重”的女强人们在面面相觑和略感尴尬之余，都高声地为自己辩护回应道：“是呀！因为我们是女人呀！”

是的，作为女人，尤其是必须为自己的容貌和健康负完全责任的 40⁺ 女人，难道不应该多花一些心思去关注自己的美丽？难道不应该把做学问的研究精神也运用到和自己的健康美丽有关的主题上去？难道不应该在事业有成或家庭有成之际，同时也获得自己的外貌有成？难道我们只能把全副精力投注在事业和家庭上，然后再为自己的年华老去而独自忧伤？不，我们拒绝做这样的女子，我们要做个既勇敢又温柔，既干练又婉约，既优雅又时尚的“青春好女人”！

好了，鉴于我们已达成上述的共识，现在，我就为 40⁺ 的女人们，介绍一些目前在“青春市场”上，可行度、可信度、安全系数都比较高，但又绝对能把我们这些非专业的大外行们，弄得糊里糊涂、头晕脑涨的一些美容方法和微整形美容仪器，好让我们在浏览广告、接受建议，或甚至进行护理时，看起来胸有成竹和不那么没有底气。

由于我自己并不是整形美容外科医生，也不是从事这方面工作的专业人员，所以在搜集这些资料上花了很多时间和精力去做研究，并动用了我周边可以被动用的人脉关系。其中，涉及需要非常专业的医学背景和权威知识的微整形资料，就是由伊美尔幸福医院非手术中心主任赵琼女士所提供。因此，在这里一并感谢赵琼医师的协助和无私的分享。

方兴未艾的微整形美容技术

对于皮肤生理状况确实已呈现“迟缓”的 40⁺ 女人来说，除了每天早晚坚持使用适合自己的日常保养品，规律地去美容院做护理之外，如果已经有一些深度的皮肤问题发生，例如因光老化而出现的色斑、年轻时留下的凹洞疤痕、无法与之对抗的下垂松弛等，是无法通过以上这两个温和的途径来解决的话，那就可以考虑一些在预算范围内可以承受、又安全有效的美容仪器疗程来改善它们。例如营养素的注射和光电皮肤治疗等这些比真正动干戈的整形手术，温和又比日常护肤更立竿见影的微调手法。

皮肤的衰老进程

皮肤的衰老主要表现在两个方面：一是皮肤的光老化，由于日晒的积累，造成皮肤晦暗并出现各种色斑；二是皮肤胶原蛋白的流失，造成皮肤的松弛，产生皱纹，毛孔变得粗大，面部皮肤粗糙并缺乏弹性等。

皱纹的出现顺序一般是：前额、上下眼睑、眼外眦、颊、颈部、口周；此外，随着面部中下部组织的松垂，各种皱褶会加深，如鼻唇沟（法令纹）、口角纹（木偶纹）等，都是衰老的表现。衰老的另一个表现则是面部轮廓的凹陷。

抗老化"光疗法"

光治疗的原理是：当不同波长的光作用于人体时，会被不同颜色的组织有选择性地吸收，并将它转换成热能。而根据吸收热量的多少，可以使不同的组织产生汽化、碳化、凝固或变性。在光治疗中，需要改善的组织就是靶组织。通过选择合适的波长，就可以通过对靶组织的破坏，来实现治疗的目的，而且与此同时，还不会伤害周围的正常组织。

光子嫩肤

光子嫩肤术是近十年来最重要的美容性皮肤治疗技术，它的概念起源于美国，又称为"强脉冲光技术"。这种光包含了能被色素吸收的谱线，当它以特定范围波长的强脉冲光照射皮肤时，皮肤中的黑色素和血管中的血红蛋白，在吸收了光子的能量后，对组织产生的光热作用和光化学作用，就能使深部的胶原纤维和弹力纤维重新排列，并恢复弹性。此时，被照射的血管组织的功能也会随之而增强，并得以改善循环。而强脉冲光照射皮肤后被分解出的色素细胞碎片，会随着人体免疫系统的代谢而排出体外。

总的来说，相较于其他比较"激进"的做法，光子嫩肤对皮肤改善的过程是比较缓慢的，但是效果却相当理想。

适用于光子嫩肤的皮肤情况：

祛除皮肤各种色斑，如雀斑、太阳斑、老年斑等，同时改善皮肤暗黄、肤色不均，减轻种种色素沉着。

面部毛细血管扩张、面部潮红、酒糟鼻。

毛孔粗大、浅表性皱纹、皮肤综合性老化。

接受光子嫩肤时的注意事项：

疗程时间：采用光子嫩肤仪治疗，一个疗程一般需要 5 ~ 6 个月，历经 4 ~ 6 次治疗。如果采用比较低的剂量，2 ~ 3 个星期治疗一次也是可以的。

可治疗的部位：面部、前颈部、双手背、双前臂、双上臂、双大腿、双小腿、背部及其他非标准部位。

禁忌证：黄褐斑、疤痕体质、孕妇、局部或全身炎症、晒伤或治疗期间有大量户外活动有晒伤可能的人，当然还有那些对治疗结果抱有不切实际的期望值的人。

接受护理前后的注意事项：

请记住，在治疗前后三天均应用温凉水洁面；治疗前必须彻底洁面，并抹冷凝胶后方可进行治疗；1 ~ 2 周内不做皮肤按摩，避免日晒，外出一定要抹防晒霜；一周之内不可食用刺激性食物或发物，禁烟酒；不可涂抹刺激性药物。

护理过程中或治疗后可能出现的反应：

治疗过程中会有较轻的疼痛感或灼热感，大部分人都可以耐受，但是如果你觉得难以忍耐的话，请当即告诉治疗师，采取一定的麻醉措施；

下次治疗前告之医生你的情况，可提前准备麻醉。治疗后，治疗部位可能会出现微红、微热与局部色素加深的情况。一般来说，红热现象会在一小时之内褪去，加深的色素细胞会在一星期之内自行脱落。

电波拉皮

电波拉皮的治疗原理

早期的电波拉皮是用一种单纯的高频电磁波设备来进行的。什么是射频呢？严格地讲是一种射频电流，即高频交流变化电磁波的简称。每秒变化小于1000次的交流电，称为低频电流；大于10000次的，称为高频电流。射频是高频电流。

射频分为单极射频和双极射频两种。单极射频的穿透性比较深，双极射频的穿透性比较浅。单极射频因为其较深的穿透性，一般在医疗上用于面颊部、下颌部、颈部的皮肤收紧，对鼻唇沟处也会有一定的改善作用。由于单极射频可以加速血液和淋巴的回流，同时可破坏脂肪细胞，也可用于腰腹部、四肢的减肥美容，以及臀部、大腿的橘皮样皮肤的改善。双极射频因为其穿透性较浅，可用于额部、眼周、鼻部和唇周等部位的美容治疗。目前比较流行的治疗设备还是以双极射频为主。

电波拉皮设备将电波能量穿过皮肤表层，在不伤害表皮的前提下，进入皮下组织，皮肤内的电荷粒子在同样的频率上，会变换自己运动的方向。皮下组织中的真皮胶原质在高温时，会立即产生收缩效果，所以治疗中，我们会感觉皮肤立刻向上拉紧和紧实。之后，因为收缩，热能会刺激真皮层分泌更多新的胶原质来填充空缺，从而再次托起皮肤支架，恢复弹性。此外，胶原蛋白也会不断地再生重组，使真皮层的厚度与密度增加。

所以，胶原纤维的收缩与拉紧，是接受射频治疗之后马上就能产生的效果。

目前在微整形美容市场上，电波拉皮技术已不断出现推陈出新的仪器和技术，各个新技术和新仪器也各自有它们坚实的理论基础和原理。所以消费者在选择上只要留心就并不困难。

接受电波拉皮时的注意事项：

有心脏病、装置心律调整器者以及孕妇不能接受此治疗。

治疗时，身上不能佩戴任何金属物品，也不能化妆。

治疗部位出现轻微的灼热感和微红现象是正常的，必要时可以做10 ~ 15分钟的冷敷；若出现较明显的红斑或水肿，短期内也可以自行消退。

治疗后当天，即可看到皮肤弹性恢复的表现。由于皮肤真皮层的胶原蛋白是逐渐再生的，所以皮肤的进一步改善，要在2 ~ 6个月内逐步显现，并因个体差异及皮肤自然老化的程度不同而有所差别。

黑脸娃娃祛斑

黑色素无论是藏在表皮层还是真皮层，只要在元素碳的介质引导下，激光能量就能更深地作用在黑色素的细胞病变组织上，精确地对色素细胞做微爆破。同时元素碳也会吸收过大的能量，避免对周围组织的热损伤，以保证安全。而那些在过程中被打碎的黑色素细胞，会被吞噬细胞吃掉，或干脆从汗腺直接排出体外，以收到减褪色素斑的效果。这就是黑脸娃娃治疗仪的原理。

但问题是，女人脸上一般黑色素还是比较少的，所以想要让激光发挥更强大的作用，还需要更多黑的东西来当靶子，好吸引更多的激光，让皮肤变得彻底干净起来。于是，黑脸娃娃治疗仪，就用一种特殊的、分子极其细小的纳米碳粉先铺满你的脸，让它们在很短的时间内通过毛孔渗入我们的表皮层，然后，当激光袭来，这些渗入的碳粉粒子就会被击碎，而爆破产生的震荡，也就同时震碎了表皮中的污垢和角质。与此同时，这些密集的爆破所产生的高热能量，也会传导至真皮层，刺激皮肤细胞的更新和活力，让胶原纤维和弹力纤维，也同时被修复和再生。

因此，黑脸娃娃治疗仪不仅增加皮肤的白净，同时还有祛除细小皱纹、收缩毛孔、平滑皮肤、恢复皮肤弹性与光泽等额外的收获。另外，因为它属于一种非侵入性的美容治疗，只有极小的疼痛感，一般来说没有什么副作用和不良反应，所以风险相对比较低。

黑脸娃娃可以帮助：

皮肤美白。淡化斑点，改善肤色，减轻皮肤的黄色与黑色的程度，嫩肤，增加皮肤的弹性与光泽。

延缓皮肤衰老。祛除细小皱纹，淡化真性皱纹，使皮肤紧致。

接受黑脸娃娃治疗仪时的注意事项：

黑脸娃娃的治疗，医生会建议就医者每 1 ~ 3 周做一次，通常，需要 4 ~ 6 次之后，才会看到皮肤紧实的效果。在一个疗程结束后，因为它会刺激皮下胶原的增生，所以理论上可以维持2～3年的效果。但皮肤作为身体最大的器官，它会因我们的各种外在因素干扰而改变，所以疗效与治疗之后的保养有很大的关系。所以，建议在治疗后接受专业的皮肤科医师指导下的护理，可让疗效保持得更为长久一些。

另外，美容治疗前一个月内，不可以过度日晒和做日光浴；治疗前一周内不能做激光、磨皮和果酸换肤；如果对光敏感，有皮肤病变、免疫系统异常或怀孕，以及服用特殊药物的情况，需要先向医生咨询；若有多处发炎，或有化脓性伤口，不适合做这种治疗。

治疗后，皮肤会感到干燥，需要加强保湿；治疗后一周内不能使用含有果酸、A酸、水杨酸、去角质、高浓度维C、酒精等刺激性成分的保养品，更需要严格防晒。

抗皱注射产品

单纯的注射产品，从功能分类可以分为两大类：一类是神经调节剂，一类是皮肤填充剂。

比如我们常说的肉毒素，就是神经调节剂，功能是作用于神经与肌肉运动终端，通过控制皱纹运动和麻痹性萎缩来实现美容的功效。而我们同样常听到的透明质酸类和胶原蛋白类，就是皮肤填充类产品。透明质酸类和胶原蛋白类因为都可以降解，因此是较为安全的产品，它们通过皮下填充增容来达到面部年轻化的目的。

最常见的除皱产品——肉毒素

肉毒素是一种天然纯化的蛋白，通过阻断作用来放松引起皱纹的肌肉，从而使皱纹平坦。一旦肌肉被放松，它们就无法被收缩而形成习惯性的动态皱纹，旧的皱纹逐渐没有了，新的皱纹也无法再出现。此外，时间久了，本已断裂的胶原层也会有一定程度的修复。所以，有些人在肉毒素失效之后，仍然不会像从前那样满脸皱纹。

不过，由于肉毒素本身的毒性使然，它并不适用于所有人群。例如：怀孕或哺乳期女性，对白蛋白或肉毒杆菌毒素高敏体质患者，上睑下垂，面部皮肤过度松弛下垂，对治疗期望值过高的人，瘢痕体质，重症肌无力症，多发性硬化症患者，有严重心肝肾疾病及结缔组织病患者，血液疾病患者以及目前正在服用某些特定药物的患者等。

肉毒素除皱的有效性和有限性

在皱纹处直接注射一针肉毒素，3 ~ 14 天后皱纹就会逐渐展平，而维持除皱效果通常在 3 个月到 6 个月。如果要想长期有效，就必须每年注射 3 ~ 4 次。据了解，使用肉毒素去皱，一般的鱼尾纹、额头纹、眉间纹、鼻纹和颈部皱纹都可以去除，但更适合于早期的、不太明显的皱纹。如果皱纹很深、皮肤很松弛，则治疗效果会大打折扣。

玻尿酸（透明质酸）——带来弹性与保湿

玻尿酸也叫透明质酸。玻尿酸是我们已知的皮肤填充材料中，应用最广泛的产品，也是获得批准应用的品牌最多的填充剂，因为它可以被降解，所以安全性高。

透明质酸（Hyaluronic Acid，简称 HA）又称糖醛酸，是一种组织中自然存在的物质。自然界中广泛地存在于脊椎动物的结缔组织、黏液组织、眼球之晶状体及某些细菌的夹膜中，而在人类皮肤的真皮层中则扮演了基质的重要角色，无论是对组织结构上整体的保养或是细胞之间的运送，都具有很重要的意义。玻尿酸以胶状形态存在于人体皮肤的真皮组织中，负责储存水分、增加皮肤容积，让皮肤看起来饱满、丰盈、有弹性。人体内 56% 的玻尿酸是存在于皮肤中的，半衰期是 16 小时。60kg 体重的人，体内每天可以合成 7000mg 玻尿酸。

随着年龄的增长，人体内水分的流失加速。人们在 25 岁以后就开始流失水分，30 岁时只剩下幼年期的 65%，60 岁时则只剩下 25%。因此，保湿和阻隔是护肤的双重使命。

玻尿酸可说是皮肤的保湿因子，它可以吸收 500 ~ 1000 倍于自身体积的水分，比起胶原蛋白分子只能携带 30 倍的水分，可说是当今已有文献研究中最强的保湿物质。

另外，玻尿酸安全有保障，副作用少。组织相容性高，稳定性高，不易产生过敏，疗程快速又安全并且不会留下疤痕，维持时间在 6 ~ 12 个月。玻尿酸原本就是人体真皮组织之一，在人体内停留时间短，一定时间后会被人体所降解，不会有长期待在人体组织内而可能产生副作用的风险。

玻尿酸的功能有：

除　皱　玻尿酸分子非常细小，与人体不排斥，相容性较好，而且保湿性强，因而对于细小的皱纹，尤其是对静态纹有很好的效用。玻尿酸注射可以直接将皮下组织隆起，改善抬头纹、鼻唇纹、唇边纹、皱眉纹等。

面部拉提、紧致　以线性手法将玻尿酸注射入两边脸颊，形成隐形的支架，可在很短的时间内收到拉提效果。

改善肌肤质感、增加弹性　将玻尿酸注入皮肤真皮层下，可增加皮肤水分及柔软度，并刺激自身胶原蛋白增生。

注射玻尿酸的禁忌证：

孕期或哺乳期女性，年龄在18岁以下，局部有炎症或感染的皮肤，以及正在服用抗凝血药期间的女性。此外，也建议医生在注射前向前来治疗的女性询问是否对玻尿酸过敏，以及既往病史。

注射前的注意事项：

在治疗前，请保持肌肤的清洁，任何化妆品和护肤品都需要彻底清洁干净。使用冷水清洁，以便毛孔收缩。强烈建议在治疗前至少3～4天内不要服用消炎药（如阿司匹林等），因为有可能会加剧注射部位的出血和肿胀。

注射后注意事项：

在注射治疗后，请保持面部放松，不要做过多的面部表情。在治疗后至少两周内，避免接触高热环境（如桑拿等），因为有可能会导致面部注射的透明质酸很快分解，从而缩短填充效果持续时间。另外，请勿触摸或按摩注射部位。

胶原蛋白——年轻因子

我们常说的胶原蛋白，是由 3 条肽链拧成螺旋形的纤维状蛋白质，是人体内相当重要的一种蛋白质。一个成年人体内约有 3 公斤的胶原蛋白，主要存在于皮肤、骨骼、眼睛、牙齿、肌腱、内脏（包括心、胃、肠、血管）等部位。它的主要功能有：作为细胞之间的黏接剂，让细胞得以固定在身体的组织上；提供对皮肤的保护与支持的功能，使其有弹性与光泽；让骨骼坚硬且具有弹性；提供保护内脏的功能；强固毛发；帮助伤口愈合与组织修复；保持真皮内层的水分；供应表皮层及表皮附属器官的营养。

既是填充剂，也是营养品

胶原蛋白不仅仅是简单的注射填充材料，它还是皮肤的营养品。因此，相对于单纯填充的透明质酸来说，虽然胶原注射产品的时效性可能没有那么长，但是主动对皮下组织的干预性治疗，可能对因胶原缺失而带来的衰老现象，有着更广泛的美容意义。

关于微整形的最后一点提醒

虽然微整形的知识很枯燥，但我们对这些看似高深的理论知识知道得越多，选择进行治疗的时候就越安全有效。而且，在接受治疗之前，我们还需要明白医学美容与医疗美容之间的差别。

医学美容的概念宽泛，指的是所有与医学相关的美容方式，包括那些借助了医学原理的生活美容仪器和手法。医学美容并不一定要由医生来操作，但医疗美容则不然，它必须要由受过专业训练的医护人员来进行操作，而且在进行治疗前，还要有严谨的问诊过程。此外，即使是药妆品的推荐，也因为它所含有的特殊成分，而让使用过程具有一定的风险，所以也必须在医生指导下使用。

虽然，医疗美容不是治病，但是它仍然需要秉持着科学、安全与严谨的专业态度和需要行医者的诚信素质，此外，医生所建议的治疗行为也应该是合理适当而不过分躁进的。因此，身为呵护并宝爱自己的现代女性，我们在面对这属于商业医疗范畴，并带有消费性质，甚至是奢侈品消费性质的特殊医疗行业时，还是需要通过事前更多的理解和咨询，才能为自己做出最好的判断和得到最安全有效的帮助。

图书在版编目(CIP)数据

女人40⁺：40⁺女人的心灵能量 / 金韵蓉著. --桂林：漓江出版社，2018.9
（2021.1重印）
（阅美悦读）
ISBN 978-7-5407-8480-5

Ⅰ.①女… Ⅱ.①金… Ⅲ.①女性—人生哲学—通俗读物 Ⅳ.①B821-49

中国版本图书馆 CIP 数据核字（2018）第167232号

女人40⁺：40⁺女人的心灵能量
NÜREN 40⁺：40⁺ NÜREN DE XINLING NENGLIANG

作　　者：金韵蓉

出 版 人：刘迪才
策划编辑：符红霞
责任编辑：符红霞　王成成　赵卫平
责任校对：章勤璐
封面设计：@吾然设计工作室
责任监印：黄菲菲

出版发行：漓江出版社有限公司
社　　址：广西桂林市南环路22号
邮　　编：541002
发行电话：010-65699511　　0773-2583322
传　　真：010-85891290　　0773-2582200
邮购热线：0773-2582200
电子信箱：ljcbs@163.com
网　　址：http://www.lijiangbooks.com
微信公众号：lijiangpress

印　　制：三河市中晟雅豪印务有限公司
开　　本：880 mm × 1230 mm　　1/32
印　　张：6.75
字　　数：126千字
版　　次：2018年10月第1版
印　　次：2021年1月第3次印刷
书　　号：ISBN 978-7-5407-8480-5
定　　价：52.00元

好书推荐

《女人 30+——30+ 女人的心灵能量》(珍藏版)

金韵蓉 / 著

畅销 20 万册的女性心灵经典。

献给 20 岁：对年龄的恐惧会变成憧憬。

献给 30 岁：于迷茫中找到美丽的方向。

《女人 40+——40+ 女人的心灵能量》(珍藏版)

金韵蓉 / 著

畅销 10 万册的女性心灵经典。

不吓唬自己，不如临大敌，

不对号入座，不坐以待毙。

《精油全书(珍藏版)——30 年芳疗经验集成》

金韵蓉 / 著

跟随大师引领，探索精油世界，事半功倍。

达人从容进阶，新人快速上手。

好书推荐

《优雅是一种选择》(珍藏版)

徐俐 / 著

《中国新闻》资深主播的人生随笔。

一种可触的美好，一种诗意的栖息。

《像爱奢侈品一样爱自己》(珍藏版)

徐巍 / 著

时尚主编写给女孩的心灵硫酸。

与冯唐、蔡康永、张德芬、廖一梅、张艾嘉等

深度对话，分享爱情观、人生观！

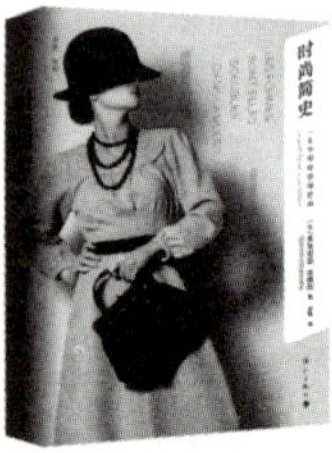

《时尚简史》

[法]多米尼克·古维烈 / 著　治棋 / 译

法国流行趋势研究专家精彩“爆料”。

一本有趣的时尚传记，一本关于审美潮流与

女性独立的回顾与思考之书。

《点亮巴黎的女人们》

[澳]露辛达·霍德夫斯 / 著　祁怡玮 / 译

她们活在几百年前，也活在当下。

走近她们，在非凡的自由、爱与欢愉中

点亮自己。

《女人的女朋友》

赵婕 / 著

女性成长与幸福不可或缺的——

女友间互相给予的成长力量，女友间互相给予的快乐与幸福，值得女性一生追寻。

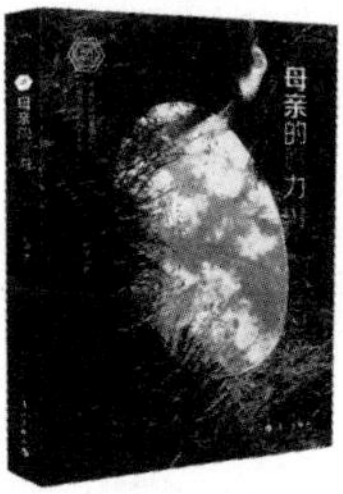

《母亲的愿力》

赵婕 / 著

女性成长与幸福不得不面对的——

如何理解“带伤的母女关系”，与母亲和解；

当女儿成为母亲，如何截断轮回，不让伤痛蔓延到孩子身上。

《女儿与父亲》

赵婕 / 著

女性成长与幸福必须探究的——

女儿的成长、爱情、婚姻、学业、事业、人生悲欣，与父亲有怎样的关系？“血缘知己”女儿与父亲之间的故事。

好书推荐

《我减掉了五十斤！——心理咨询师亲身实践的心理减肥法》

徐徐 / 著

让灵魂丰满，让身体轻盈，

一本重塑自我的成长之书。

《嫁人不能靠运气——好女孩的 24 堂恋爱成长课》

徐徐 / 著

选对人，好好谈，懂自己，懂男人。

收获真爱是有方法的，

心理导师教你嫁给对的人。

《管孩子不如懂孩子——心理咨询师的育儿笔记》

徐徐 / 著

资深亲子课程导师 20 年成功育儿经验，

做对五件事，轻松带出优质娃。

《手绘张爱玲的一生——优雅是残酷单薄的外衣》

画眉 / 著 / 绘

在我们的人生树底处
盘几须张爱玲的根是幸运的，
她引领我们的灵魂过了铁，而仍保有舒花展叶的温度。

《手绘三毛的一生——在全世界寻找爱》

画眉 / 著 / 绘

倘若每个人都是一种颜色，
三毛绝对是至浓重彩的那种，但凡沾染，终生不去。

《手绘萧红的一生——在没有路的地方行走》

画眉 / 著 / 绘

她是反抗父权的新女性，天才的作家，抛弃孩子的母亲，
恭顺隐忍的妻子……

《手绘林徽因的一生——以诗意抵御人间》

画眉 / 著 / 绘

她是著名的建筑学家、才华横溢的美术家、作家。
她是一道风景，出现在许多人的生命中，
也定格于一个属于她的时代。

阅美
文化

悦 读 阅 美 · 生 活 更 美